中华传统经典诵读

成语三百则

阳光三采　编著

青岛出版集团 | 青岛出版社

图书在版编目（CIP）数据

成语三百则 / 阳光三采编著 . — 青岛：青
岛出版社，2024.1
（中华传统经典诵读系列）
ISBN 978-7-5552-8760-5

Ⅰ . ①成… Ⅱ . ①阳… Ⅲ . ①汉语 – 成语 –
少儿读物 Ⅳ . ① H136.3–49

中国版本图书馆 CIP 数据核字（2021）第 273835 号

ZHONGHUA CHUANTONG JINGDIAN SONGDU XILIE · CHENGYU SANBAI ZE

中华传统经典诵读系列·成语三百则

编　　著	阳光三采
出版发行	青岛出版社
本社网址	http://www.qdpub.com
社　　址	青岛市崂山区海尔路 182 号（266061）
邮购电话	0532-68068091
责任编辑	江伟霞
装帧设计	蓝　山
印　　刷	东莞市创达印刷有限公司
出版日期	2024 年 1 月第 1 版　2024 年 1 月第 1 次印刷
开　　本	48 开（889mm × 1194mm）
印　　张	6.5
字　　数	340 千
印　　数	1~10000
书　　号	ISBN 978-7-5552-8760-5
定　　价	39.80 元

版权所有 侵权必究
编校印装质量、盗版监督服务电话　4006532017 0532-68068050

前　言

　　成语承载着人类文明的精华，包含了丰富的人生和社会经验。孩子们在童年时代接受经典的熏陶，阅读成语故事，可以陶冶情操，开阔视野，提高文学修养。

　　为此，我们选编了这本《中华传统经典诵读系列·成语三百则》。书中选取的经典成语都配有相关出处或典故，短小精悍而含义深远。我们也对成语进行释义，对孩子们可能感到生疏的词语进行注解，为孩子们打造无障碍阅读内容。书中的插图精美，可以提高孩子们的阅读兴趣，帮助他们更好地领略故事内容，加深印象。

　　相信这本书能成为孩子们书架上的珍宝，陪伴他们度过美好的童年，为他们提供丰富的知识养料，帮助他们掌握书中成语的含义，在学习和生活中运用自如。

目录

爱不释手
ài bú shì shǒu

扫码听音频

陶渊明是东晋时期的一位诗人。他"不为五斗米折腰",辞官归隐田园,并在《归园田居·其三》中描述了自己的乡间生活:

"种豆南山下,草盛豆苗稀。晨兴理荒秽,带月荷锄归。道狭草木长,夕露沾我衣。衣沾不足惜,但使愿无违。"

他的诗作通俗易懂,字里行间满是情操和气节。南朝萧统在给陶渊明的诗作编集、作序时说:"我爱读陶渊明的诗文,舍不得放下。"

> **注解**
> 释:放下。

> **释义**
> 喜爱得舍不得放下。

1

安步当车
ān bù dàng chē

战国时期，齐宣王召见颜斶时说："颜斶，你过来。"颜斶却说："大王，您过来吧！"齐宣王大怒，颜斶又说："如果大王走过来，说明您礼贤下士。"齐宣王被说服了，便说："以后你住在宫里，可以过着衣食无忧、出门有车坐的生活。"颜斶听完却说："谢谢大王的厚爱。我本是布衣粗食惯了的人，晚点儿吃饭像吃肉一样香，慢慢步行可以当作坐车，我还是回家自食其力吧！"

注解

安步：慢慢地步行。

释义

慢慢地步行，就当作坐车。

2

安然无恙
ān rán wú yàng

扫码听音频

战国时期，齐国派使者问候赵威后，赵威后问使者："齐国的收成不坏吧？老百姓平安吗？齐王的身体健康吗？"使者听了心里很不高兴，说："您不先问齐王，却先问收成和百姓，难道可以把低贱的放在尊贵的前面吗？"赵威后笑着说："如果没有收成，怎么会有百姓？如果没有百姓，又怎么会有君主？问候时可以舍弃根本而只问枝节吗？"齐国使者听了，一时说不出话来。

注解

恙：病。

释义

原指人平安没有疾病，后泛指平安、没有受到任何损伤。

3

按兵不动
àn bīng bú dòng

春秋末期，卫国投靠齐国，并缔约结盟，跟晋国断了关系。这种做法令晋国很不满。晋国的执政者赵简子准备进攻卫国。进攻前，他派部下史默暗中调查卫国的情况。半年后，史默才回到晋国，他说卫灵公很有才干，国内贤臣很多，举国上下团结一心。如果想靠武力使卫国屈服，要付出巨大的代价。赵简子听后，暂时打消了攻打卫国的念头，决定按兵不动，等待时机。

注解

按：压住；搁下。

释义

使军队暂不行动，等待时机。现也指接受任务后不肯行动。

4

按图索骥
àn tú suǒ jì

扫码听音频

孙阳是春秋时期的相马能手，人称"伯乐"。他写了一本《相马经》，书上说："千里马有高高的额头，亮亮的眼睛，马蹄像摞起来的酒曲块。"伯乐的儿子也想找到千里马，于是就出门去寻找。他看到一只癞蛤蟆，就对父亲说："我找到千里马啦，跟您书上说的差不多，不过蹄子不怎么像。"伯乐看着癞蛤蟆，哭笑不得："可惜这匹马太喜欢跳，不能用来拉车。"

注解

索：寻找。骥：好马；比喻贤能。

释义

按照图像寻找好马，比喻按照死规矩机械、呆板地做事；也泛指按照线索寻找目标。

扫码听音频

暗度陈仓
àn dù chén cāng

秦朝末年，项羽凭借强大的实力，自立为西楚霸王。他怕刘邦与他争夺天下，就把交通不便的汉中封给刘邦。刘邦听从谋士张良的计策，故意烧毁了汉中到关中的栈道，表明自己不再回关中。项羽便放松了警惕。后来，刘邦下令修复原来烧毁的栈道，装作要从栈道出击关中，暗中却率军通过陈仓，攻入咸阳，占领关中。

至此，楚汉大战开始了。

注解

度：越过。陈仓：古县名，今陕西省宝鸡市东。

释义

比喻以表面的行动为掩护，迷惑对方，暗中进行某种活动。

扫码听音频

bā xiān guò hǎi
八仙过海

传说，铁拐李、汉钟离、张果老、吕洞宾、韩湘子、蓝采和、何仙姑和曹国舅八位神仙经过东海时，看见巨浪汹涌，就提议各显神通过海。于是，铁拐李踩在拐杖上过海，汉钟离站在芭蕉扇上过海。接着，张果老倒骑着纸叠驴，吕洞宾踩着长剑，韩湘子立于玉笛上，蓝采和坐在花篮上，何仙姑脚踩荷花，曹国舅站在玉版上，纷纷过了东海。"八仙过海"由此而来。

注解

八仙：神话中的八位神仙。

释义

比喻各自有一套办法，或各自施展本领，互相竞赛。

扫码听音频

百步穿杨

春秋时期，楚国的神射手养由基和勇士潘虎比试箭法。潘虎连射三箭，都射中了五十步外的靶心。轮到养由基时，他让人在百步外的一片柳叶上涂上颜色作为靶心。"嗖"的一箭射去，正好穿过那片柳叶的中心。在场的人都欢呼起来。潘虎不服，又选了三片柳叶。养由基开弓"嗖、嗖、嗖"三箭，三片柳叶全部被射中。四周响起了热烈的喝彩声，潘虎输得心服口服。

注解

穿：破、透。

释义

在一百步外射中杨柳的叶子。形容箭法或枪法非常高超。

百尺竿头，更进一步
bǎi chǐ gān tóu, gèng jìn yí bù

扫码听音频

宋朝有位高僧名叫景岑，法号招贤大师。一天，招贤大师到佛寺讲经，一名僧人请求大师解答有关佛教的最高境界——十方世界的疑问。只听大师娓娓道来，讲得深入浅出，在座的人无不深受感染。讲完后，大师又念了一段偈语："百尺竿头须进步，十方世界是全身。"意思是：百尺的竹竿并不算很高，还需更进一步，十方世界才是真正的高峰。

注解

百尺竿头：百尺竿子的顶端。

释义

比喻学问、成绩等达到了很高的程度后仍继续努力。

9

扫码听音频

百闻不如一见
bǎi wén bù rú yí jiàn

汉宣帝时期，羌人侵入边境。汉宣帝意欲起用赵充国带兵平叛。汉宣帝问他要派多少兵马，他说："听别人讲一百次，不如亲眼一见。我要亲自去看看，再制订攻守计划。"汉宣帝同意后，赵充国就出发了。他观察了地形，又从俘虏口中得知敌人的内部情况，很快就制订出驻兵屯守、整治边境、分化瓦解羌人的策略。不久，汉军就打败了来犯的羌人，恢复了边疆的安定。

注解

闻：听见。

释义

听到一百次不如亲眼见一次。表示亲眼看到的远比听人家说的更为确切可靠。

bǎi zhé bù náo
百折不挠

扫码听音频

东汉官员桥玄品行端正，疾恶如仇。一次，一伙强盗绑住他的儿子，带到他家，让他立即拿钱赎人。不多时，官兵们包围了桥家，因怕强盗会杀了桥玄的儿子，故而迟迟不敢动手。见状，桥玄愤怒地喊道："我难道能因为儿子的生命而放了这伙坏人吗？"结果，强盗被捕，可桥玄的儿子却被强盗杀死了。东汉文学家蔡邕在写给桥玄的碑文上颂扬他"有百折不挠、临大节而不可夺之风"。

注解

折：挫折。挠：弯曲。

释义

形容意志坚强，无论受多少挫折都不退缩。

11

班门弄斧

鲁班是春秋时期鲁国人，他善于制作精巧器具，民间历来把他奉为木匠的始祖。在鲁班门前卖弄使用斧头的技术，这种不自量力的行为，就叫作"班门弄斧"。

一次，明代文人梅之焕到唐代大诗人李白的墓地游览，看见墓前题了很多低劣的诗，于是提笔写下一首诗，其中两句是"来来往往一首诗，鲁班门前弄大斧"，意思是：来往的人偏要在诗人面前炫耀自己，就像在鲁班的门前耍弄斧头一样可笑。

注解

弄：玩耍，把玩。

释义

比喻在行家面前卖弄本领，有时候也用来表示自谦。

半途而废
bàn tú ér fèi

扫码听音频

东汉时期，河南郡有个叫乐羊子的人去外地拜师求学。一年后，乐羊子因想家就告别老师回家了。妻子得知乐羊子没完成学业，非常难过。她拿起剪刀走到织布机前，指着正在织的布对乐羊子说："学习和织布一样要靠积累。你半途而归，和我剪断织机上的布有什么区别？"乐羊子听了很惭愧，于是出门继续求学。这一去，他连续七年都没有回家。

注解

废：停止。

释义

中途停止。比喻做事没有恒心，有始无终。

13

抱薪救火
bào xīn jiù huǒ

扫码听音频

战国时期，秦国经常侵略魏国。有一次，秦军逼近魏国都城。魏王召集群臣商议，多数臣子提议割让土地。谋士苏代说："欲望是没有止境的，只要魏国的土地没有被占领完，秦军就不会停止侵略。现在割让土地，就好比抱着柴去救火，这样火怎么能被扑灭呢？"尽管苏代讲得有理有据，但胆小的魏王还是选择割地求和，最终，魏国被秦国灭掉了。

注解

薪：柴火。

释义

比喻因为方法不对，虽然有心消灭祸患，反而使祸患扩大。

杯弓蛇影

bēi gōng shé yǐng

扫码听音频

晋朝有一个叫乐广的人。一次，乐广的好朋友在他家喝酒时看见酒杯里有条小蛇，回去后就病了。乐广想起他家墙上挂着一张弯弓，猜测朋友所说的蛇是倒映在酒杯中的弓影。他再次把朋友请到家中，朋友又在杯中看到了蛇。乐广指着墙上挂的弓，说："您看看，杯中的蛇是不是这张弓的影子？"朋友恍然大悟，病也好了。

注解

杯：杯子。

释义

将倒映在杯子里的弓影误认为是蛇。比喻疑神疑鬼，妄自惊慌。

15

扫码听音频

bēi shuǐ chē xīn
杯水车薪

cóng qián，yǒu gè qiáo fū měi tiān dōu qù shān shàng kǎn chái。zhè tiān tiān qì yán
从前，有个樵夫每天都去山上砍柴。这天天气炎

rè，tā tuī zhe mǎn mǎn yì chē chái lái dào chá guǎn qián，xiǎng hē bēi chá jiě kě。qiáo
热，他推着满满一车柴来到茶馆前，想喝杯茶解渴。樵

fū gāng hē le kǒu chá，jiù tīng dào mén wài yǒu rén dà hǎn：chái chē zháo huǒ la
夫刚喝了口茶，就听到门外有人大喊："柴车着火啦！"

qiáo fū duān zhe chá bēi chōng le chū qù，bǎ bēi lǐ de chá shuǐ pō xiàng zhèng zài rán shāo de
樵夫端着茶杯冲了出去，把杯里的茶水泼向正在燃烧的

chái chē。rán hòu tā pǎo huí chá guǎn，yòu chéng le mǎn mǎn yì bēi chá
柴车。然后他跑回茶馆，又盛了满满一杯茶

shuǐ，xiǎng zài qù miè huǒ，kě shì děng tā pǎo chū qù shí，chái chē
水，想再去灭火，可是等他跑出去时，柴车

yǐ jīng shāo chéng le huī jìn。
已经烧成了灰烬。

注解
薪：柴火。

释义
用一杯水去救一车着了火的柴。比喻无济于事。

背水一战
bèi shuǐ yí zhàn

扫码听音频

楚汉相争的时候，刘邦命手下大将韩信领兵攻打赵国。韩信先派轻骑在赵军离营后冲到赵军营地插上汉军旗帜，又让士兵故意背靠河水列阵引诱赵军。士兵的身后没有退路，只能拼死奋战。赵军无法取胜，正要回营，见营中插遍汉军的旗帜，于是四散奔逃。战后有人问韩信："背水列阵乃兵家大忌，将军为何明知故犯？"韩信笑着说："置之死地而后生，这也是兵书上有记载的。"

注解

背水：背向水，表示没有退路。

释义

在不利的情况下和敌人做最后决战，比喻面临绝境，为求得出路而做最后一次努力。

扫码听音频

鞭长莫及
biān cháng mò jí

春秋时期，楚国使者经过宋国却没按规定事先向宋国借路，结果被杀。楚庄王知道后，就派兵攻打宋国。宋国向晋国求救，晋景公本打算发兵救宋，但晋大夫伯宗劝他说："古人说'虽鞭之长，不及马腹'，现在楚国强盛，就好像马肚子一样，我们晋国再强大，也不应与楚国对抗。"晋景公采纳了伯宗的意见，打消了援救宋国的念头。

注解

鞭：鞭子。莫：不。及：到。

释义

原来是说虽然鞭子长，但是不应该打到马肚子上，后来借指力量达不到。

别开生面
bié kāi shēng miàn

扫码听音频

曹霸是唐朝著名画家，擅长画马和人物。皇宫的凌烟阁内，绘有唐朝开国功臣的画像，可年久失修，画像褪色了，唐玄宗便让曹霸重画这些画像。为此，曹霸翻阅了大量史料，仔细琢磨，精心构思，不久，这些画像又重放光彩了。诗人杜甫很欣赏曹霸的画，写了一首诗送给他，其中有两句是："凌烟功臣少颜色，将军下笔开生面。"

注解

生面：新的面貌。

释义

原指画像经重新绘制，面目一新。后比喻开展新的局面或创造新的形式。

宾至如归
bīn zhì rú guī

扫码听音频

春秋时期，郑国的子产带着礼物出访晋国，可晋平公一直没有接见他。于是子产让随从拆掉了宾馆的围墙，将车马赶进去。晋平公大怒，派人来问罪。子产说："从前，晋文公接待诸侯的宾馆很宽敞，服务热情周到，宾客就像回到自己家一样。而今宾馆门口进不去车子，贵国国君又不接见。我们怕礼物受损，只能拆掉围墙把车子驶进去。"晋平公知道后十分惭愧。

注解

宾：客人。至：到。

释义

客人到这里就像回到自己家里一样。形容招待客人热情、周到。

扫码听音频

bō yún jiàn rì
拨云见日

西晋时的乐广很有学问。一天，他的好朋友卫玠做了一个噩梦，由此日思夜想，不久就得了心病。乐广去探病，问清情况后说："你本没有病，怪由心生，才会得心病。"卫玠顿时醒悟，病很快就好了。卫玠的父亲说："乐广就像一面如水一样清澈的镜子，见到他，会让人感到一片清明光洁，如同拨云见天。"后来，人们将"拨云见天"改为"拨云见日"。

注解

拨：拨开，拨去。见：看见。

释义

比喻冲破黑暗，见到光明。也比喻疑团消除，事情明朗等。

21

扫码听音频

不耻下问
bù chī xià wèn

春秋时期，卫国大夫孔圉很好学。卫国国君为了让人们向他学习，赐给他"文"的谥号，人们就尊称他为"孔文子"。孔子的学生子贡对这个谥号很不服气，他请教孔子为什么孔圉能得到那么高的评价。孔子回答道："孔圉聪敏好学，向地位和学问都不如他的人请教，一点儿也不觉得羞耻和不自在，所以'文'的谥号是他应得的。"子贡听了，对孔圉肃然起敬。

注解

耻：以……为耻。

问：请教，求教。

释义

不以向地位比自己低、知识比自己少的人请教为耻，形容虚心好学。

22

扫码听音频

不入虎穴，焉得虎子
bú rù hǔ xué，yān dé hǔ zǐ

东汉时期，班超出使西域。到了鄯善国后，鄯善国国王对他十分敬重。可是，自从与汉朝为敌的匈奴派来使者后，鄯善国国王就对班超冷淡起来。班超感到形势不妙，便对随从说："不入虎穴，焉得虎子！"他认为只有除掉匈奴派来的使者，才能断了鄯善国国王投靠匈奴的念头。当天夜里，班超带兵一举歼灭了匈奴使团。

鄯善国国王大吃一惊，表示愿意永远与汉朝和睦相处。

注解

穴：洞穴。焉：怎么，哪里。

释义

比喻不历艰险，就不能获得成功。

23

扫码听音频

不为五斗米折腰
bú wèi wǔ dǒu mǐ zhé yāo

陶渊明是东晋时期的一位大诗人，他性格耿直，不愿卑躬屈膝攀附权贵。他在彭泽做县令时，郡里派督邮来了解情况。这督邮是个粗俗而又傲慢的贪官。有人劝陶渊明："那是上面派下来的人，您应当穿戴整齐、恭恭敬敬地去迎接。"陶渊明听后叹气道："我不能为了五斗米薪俸，就低声下气地向这种人献殷勤。"于是他辞去官职归隐了。

注解

五斗米：指微薄的俸禄。
折腰：弯腰行礼，指屈身于人。

释义

比喻为人清高，有骨气，不以利禄折节。

不学无术
bù xué wú shù

扫码听音频

寇准是北宋的宰相。一次，他为好友张咏送行，临别时问："您有什么话要教导我吗？"张咏说："《霍光传》不可不读。"当时，寇准不明白张咏的话是什么意思。张咏走后，寇准立刻找出《汉书》中的《霍光传》阅读，读到"不学无术"这句话时，寇准恍然大悟，笑着说："这是张公在说我呢。"

注解

学：学问。术：技能。

释义

没有学问，没有本领。

扫码听音频

bú zì liàng lì
不自量力

春秋时期，郑国和息国睦邻相处。一次，息国为了一件小事和郑国闹翻了，息国国君执意讨伐郑国，但实际上息国的人力、物力比郑国要少得多，军力也弱得多。最后，息国的军队被打得丢盔弃甲，狼狈不堪。事后，一些有识之士分析说："息国讨伐郑国，真是不自量力，自找苦吃。"

注解

量：估量，估计。

释义

不能正确估计自己的力量（多指做力不能及的事情）。

扫码听音频

才高八斗

谢灵运是东晋末南朝宋初期的大诗人，出身士族，从小聪明好学。他袭封爵位，却无实权。因此，他常自叹怀才不遇，寄情于山水之间。后来，谢灵运写的山水诗深受人们的喜爱。他每写出一首新诗，就会被人们争相抄录。他曾说："天下才有一石，曹子建独占八斗，我得一斗，其他人共分一斗。"成语"才高八斗"由此而来。

注解

斗：容量单位，10升等于1斗，10斗等于1石。

释义

形容人的文才极高。

沧海桑田
cāng hǎi sāng tián

从前有两个仙人，一个叫王远，一个叫麻姑。一
次，他们相约一起饮酒。举杯欢宴时，麻姑说："我已
经亲眼见到东海三次变成农田了。刚才到蓬莱，我看到
海水比前一时期浅了一半，难道它又要变成陆地了吗？"
王远笑着说："是啊，圣人们都说，大海的水在下降，
不久，那里又将扬
起尘土了。"

注解

桑田：农田。

释义

大海变成农田，农田变
成大海。形容世事变化
巨大。

沧海一粟

cāng hǎi yí sù

扫码听音频

北宋文人苏轼因反对王安石变法，被贬到黄州。有一次，苏轼和友人在赤壁泛舟游玩，一旁的友人吹着洞箫，箫声凄凉。苏轼不解，友人说："人的生命像朝生暮死的小虫一样短暂，像大海中的一粒粟一样渺小。我是在哀叹生命的短暂，羡慕长江流水的无穷无尽。既然我们不能与明月相拥而永存世间，就只能把箫声寄托给这悲凉的秋风了。"

注解

粟：谷子。

释义

大海里的一颗谷粒。
形容非常渺小。

草船借箭

周瑜妒忌诸葛亮的才干，便借着和曹军交战，让诸葛亮十天内造好十万支箭。诸葛亮却说只需三天，他备好船只，并在船两边放上草把子。趁着江上大雾漫天，诸葛亮下令让船朝着曹军的水寨开去。雾太大，曹操看不清虚实，就让弓弩手朝江中射箭，不让对方靠近。很快，草把子上插满了箭。靠岸后一数，船上的箭总共有十万多支。周瑜知道借箭的经过后，自叹不如。

注解

借：借用。

释义

运用智谋，凭借他人的人力或财力来达到自己的目的。

草管人命
cǎo jiān rén mìng

扫码听音频

贾谊是西汉时期著名的文学家，很有才华。汉文帝很赏识他，让他当爱子梁王刘揖的老师。贾谊居安思危，多次上书陈说政事。在《治安策》中，他分析秦朝灭亡的原因时说，秦朝不崇尚礼义，而崇尚刑罚。赵高做秦二世胡亥的老师，胡亥所学的不是斩首就是割鼻，所以他当上皇帝后，视杀人如同割茅草一样，不当一回事。"草菅人命"这一成语即来源于此。

注解

草菅：野草。

释义

把人的生命看得和野草一样，指任意残杀人民。

草木皆兵

公元383年，前秦皇帝苻坚率兵南下攻伐东晋。晋军在成功偷袭洛涧的秦营后，乘胜向苻坚驻扎的寿阳进军，驻扎在寿阳城对岸的八公山下。苻坚得知后，便登上寿阳城头观察对岸晋军的动静。一阵风呼啸而过，八公山上草木晃动，仿佛有无数个东晋士兵正在操练。苻坚顿时面如土色，惊恐地说："晋军分明是强敌，怎么能说是弱旅呢？"

注解

皆：都。

释义

把野草树木都当成敌兵。形容惊恐时疑神疑鬼。

车水马龙
chē shuǐ mǎ lóng

扫码听音频

东汉时期，汉章帝听了大臣的意见，打算给马太后的兄弟加官晋爵。马太后不同意，她说："那些鼓动给我娘家人封官的人，都是献媚求荣的人。之前我经过娘家，看到门口拜访请安的车子像流水一样源源不绝，马匹往来像游龙一样长。他们只知道自己享乐，根本不为国家分忧，我怎么能同意给他们加官晋爵呢？"汉章帝认为马太后说得对，便听从了她的意见。

注解

水：像流水一样。
龙：像游龙一样。

释义

形容车马或车辆很多，来往不绝。

33

扫码听音频

车载斗量

三国时期，吴国杀了蜀国大将关羽，刘备勃然大怒，派兵伐吴。吴国十分惊慌，就派大臣赵咨去魏国求援。魏文帝曹丕知道赵咨有求于魏国，便想考考他。一连几个问题，赵咨回答得有理有据，不卑不亢。曹丕暗暗称赞，便问："像你这样的人才，吴国有多少？"赵咨回答："堪称旷世奇才的，就有八九十人。像我这样的人，用车载、用斗量，数也数不清啊。"曹丕听后，就更欣赏他了。

注解

载：装载。

释义

用车载，用斗量。形容数量很多，多用来表示不足为奇。

扫码听音频

沉鱼落雁
chén yú luò yàn

春秋时期，越国有一个叫作西施的美女，她每天都会到溪边去浣纱。溪中的鱼看到西施，觉得自己长得比西施丑，都羞愧得不敢浮出水面，全沉到水底去了。汉朝时期，有个美女叫王昭君。在她出塞嫁给匈奴单于的途中，天空飞过的大雁惊讶于她的美丽，忘记了飞行，跌落到沙洲上。后来，人们称赞一个女人长得很漂亮，就会说她有沉鱼落雁的容貌。

注解

沉：使下沉。落：使落下。

释义

形容女子容貌美丽。

35

城门失火，殃及池鱼
chéng mén shī huǒ yāng jí chí yú

扫码听音频

从前，一座城门前有条护城河，里面有很多鱼。有一天，城门着火了，冒出滚滚浓烟。鲤鱼看见后大叫道："城门着火啦，快跑！"其他鱼儿却不以为然："城门离池塘远着呢！"眼看它们无动于衷，鲤鱼只好顺着水沟逃命去了。火势越来越大，人们都涌到护城河里取水救火。很快，护城河里的水被舀干了，里面的鱼儿也都因缺水而死了。

注解

殃：灾祸。

释义

比喻因牵连而受祸害或损失。

扫码听音频

乘风破浪
chéng fēng pò làng

南北朝刘宋时期，有位将军叫宗悫，他从小就练拳

学武，有一身好武艺。有一次，叔父问他有什么志向，

宗悫回答道："愿乘长风破万里浪。"意思是：一定要

冲破一切障碍，勇往直前，干一番伟大的事业。后来，

宗悫被皇帝任命为将军，为国

家打了不少胜仗，立下

了许多战功，实现了年

少时的志向。

注解

乘：趁着，借着。破：冲开。

释义

趁着风势，破浪前进。比喻
志向远大，不怕困难，奋勇
前进。也指飞速地航行。

37

扫码听音频

程门立雪
chéng mén lì xuě

北宋学者杨时很有才华，年轻时就考中进士，但为了求学，他放弃做官，拜大学者程颢、程颐为师，钻研学问。一天，杨时和同学一起去拜见程颐，碰巧程颐正在闭目静坐。此时天上下起了大雪，他们不想打扰先生休息，便恭敬地站在旁边等候。程颐醒来时，门外的积雪已有一尺多厚了，而杨时的脸上并没有一丝疲倦和不耐烦。

注解

立：站立。

释义

形容尊师重道，恭敬求教。

扫码听音频

尺短寸长
chǐ duǎn cùn cháng

屈原是战国时期楚国的诗人、政治家，他忠君爱
国，却遭排挤诽谤而被流放。他心中烦闷，便找太卜郑
詹尹问卜说："对君王应该真诚直言，还是虚假应酬？
应为真理牺牲，还是苟且偷生？应与天鹅比翼高飞，还
是和鸡鸭争食？希望通过您的占卜帮我分析判断。"
郑詹尹抱歉地说："尺比寸长但也有显得短的时候，寸
比尺短却也有显得长的时候。请您花心思实行您的主张
吧，龟甲无法破解您的疑惑！"

注解

短：不足，短处。
长：有余，长处。

释义

比喻人或事物各有各的长
处和短处。

39

宠辱不惊
chǒng rǔ bù jīng

唐朝有个大臣叫卢承庆，他为官清正，专门负责官
员的政绩考评工作。有一年，一位运粮官在运粮食时
翻了船，粮食都掉进了河里，卢承庆就将这位官员的年
度考评打了"中下"。那位官员听后，神色自若，退了
下去。卢承庆欣赏他的气度和修养，觉得漕运出事也不
是一个人的责任，就将考评改为"中中"，那位官员听
后还是很平静，也没有因此特别高兴。卢承庆称赞道：
"宠辱不惊，考中上。"

注解

宠：宠爱。

释义

受宠或受辱都不为所动，
形容对得失不在乎。

40

出尔反尔
chū ěr fǎn ěr

扫码听音频

战国时期，邹国和鲁国发生战争，邹国官吏被鲁国攻击时，邹国百姓并不相救。邹穆公很不高兴，就向孟子讨教。孟子说："战乱饥荒时，百姓没法生活，有些饿死，有些死在路上，尸体被丢在山沟荒野中。你的粮仓堆得满满的，可官吏们不但不赈灾，反而加紧搜刮、残害百姓。曾子说过：'你怎样对待别人，别人就怎样对待你。'如果你施仁政，官吏爱护百姓，百姓自然就会爱护你和你的官吏。"

注解

尔：你。反：同"返"，回。

释义

原指你怎样对待别人，别人就会怎样对待你。现在多指言行前后矛盾，反复无常。

41

扫码听音频

出类拔萃
chū lèi bá cuì

mèng zǐ de xué shēng gōng sūn chǒu wèn mèng zǐ　　　bó yí
孟子的学生公孙丑问孟子："伯夷、

yī yǐn kě yǐ hé kǒng zǐ xiāng bǐ ma　　mèng zǐ shuō　　rú guǒ jiāng fāng yuán yì bǎi
伊尹可以和孔子相比吗？"孟子说："如果将方圆一百

lǐ de dì fang jiāo yóu tā men zuò jūn zhǔ　　tā men dōu néng yǐ rén yì zhì tiān xià　　shǐ
里的地方交由他们做君主，他们都能以仁义治天下，使

zhū hóu lái cháo jiàn　　zhè shì gòng tóng zhī chù　　yào shuō kǒng zǐ hé tā men de bù tóng zhī
诸侯来朝见，这是共同之处。要说孔子和他们的不同之

chù　　nà kě yǐ tīng ting kǒng zǐ de xué shēng yǒu ruò de huà　　shèng rén hé yì bān rén suī
处，那可以听听孔子的学生有若的话：圣人和一般人虽

shì tóng lèi　　dàn shèng rén de pǐn dé hé cái néng chāo chū tóng lèi zhī shàng　　zì yǒu rén lèi
是同类，但圣人的品德和才能超出同类之上。自有人类

yǐ lái　　méi yǒu bǐ kǒng zǐ gèng wěi dà de le
以来，没有比孔子更伟大的了。"

注解

拔：超出。萃：聚在一起的人或物。

释义

形容超出同类，后多用来形容德才超越寻常。

出奇制胜

chū qí zhì shèng

扫码听音频

田单是战国时期齐国的名将，因以火牛阵大破燕军
而声名大振。当时，燕军包围了即墨城。田单假装向
燕军投降，趁着对方放松警惕的时候，命令士兵把尖刀
绑在牛角上，把枯草绑在牛尾巴上，用彩色的布包住牛
的全身。借着夜色的掩护，士兵们把牛赶出去，并点燃
牛尾上的枯草。牛被火烧得拼命逃窜，发疯似的冲向燕
军，吓得燕军四处逃跑。最后，齐军大胜。

注解

奇：奇兵，奇计。制：制服。

释义

用奇兵或奇计战胜敌人，泛
指用对方意想不到的方法取
得胜利。

43

初出茅庐
chū chū máo lú

扫码听音频

东汉末年，刘备为了争夺天下，曾三次登门拜访隐居在隆中一座茅庐中的诸葛亮，最后诸葛亮终于答应出山。不久，曹操派大将夏侯惇带领十万大军攻打刘备。诸葛亮在博望坡设下埋伏，派人将曹军引到树木丛生的地方，然后放火，烧得曹军溃不成军。诸葛亮初次用兵便大获全胜，这次胜利被称为"初出茅庐第一功"。

注解

茅庐：屋顶用茅草盖的房子。

释义

比喻刚进入社会或刚到工作岗位上来，缺乏实践经验。

44

初生牛犊不怕虎
chū shēng niú dú bú pà hǔ

扫码听音频

东汉末年，刘备派关羽率军北上，进兵樊城。曹操派于禁、庞德前往樊城增援。到了樊城，庞德与关羽大战百余回合，不分胜负。关羽回到营寨，他的儿子关平说："刚生下来的小牛连老虎都不害怕，对他不能轻视啊！"后来，关羽设计水淹大军，才俘虏了于禁、庞德。

注解

犊：小牛。

释义

刚生下来的小牛因为经验较少而不怕老虎。现比喻年轻人思想上很少顾虑，敢作敢为。

45

垂头丧气
chuí tóu sàng qì

唐朝末年，各地藩镇拥兵自重。当时北方有两大藩镇势力最强，一个是李茂贞，另一个是朱全忠。宦官韩全诲与李茂贞结盟。朱全忠知道后火速带兵进京，韩全诲竟然劫持唐昭宗投靠驻扎在凤翔的李茂贞。可在朱全忠的进攻下，李茂贞被迫同意讲和，并答应将唐昭宗送回长安。韩全诲见大势已去，只能垂头丧气，默不作声。没过几天，唐昭宗命令李茂贞诛杀了韩全诲。

注解

垂头：耷拉着脑袋。

丧气：神情沮丧。

释义

形容失落、沮丧的神情。

唇亡齿寒
chún wáng chǐ hán

扫码听音频

春秋时期，晋献公想派兵灭了虢国。可军队必须经过虞国，于是他命人带着财宝，向虞国国君虞公提出借道的请求，虞公爽快地答应了。虞国大夫宫之奇劝虞公："虞虢两国是唇齿相依的近邻，有事可以彼此帮助。万一虢国被灭了，我们虞国也就难保了。俗话说'唇亡齿寒'，没有嘴唇，牙齿也保不住啊！"虞公不听劝告，果然，晋军灭了虢国后，把虞国也灭了。

注解

亡：失去。寒：寒冷。

释义

嘴唇没有了，牙齿就会觉得冷。比喻关系密切、利害相关。

扫码听音频

此地无银三百两

从前，有个人叫张三。他把自己攒的三百两银子埋在自家后院的墙角处，还在上面竖了块木牌，写着"此地无银三百两"。第二天，邻居李四看到了木牌，趁夜深在木牌下挖出了三百两银子。可他怕张三怀疑自己，便在木牌的另一面也写了字，插在挖银子的地方，上面写着"对门李四未曾偷"。

注解

银：银子。

释义

借指打出的幌子正好暴露了所要掩饰的内容。

48

打草惊蛇
dǎ cǎo jīng shé

南唐时，有一个名叫王鲁的官员，他常常收受贿赂，不守法规。有一天，有人递了一张状纸到衙门，状告王鲁的下属贪污受贿。王鲁一看，状纸上所列的各种罪行和他所干的坏事大同小异，有些罪行还和他有牵连。他既害怕又庆幸，在状纸上写道："汝虽打草，吾已惊蛇。"意思是：你们虽然打的是草，可我这条藏在草中的蛇却已受惊，有所警惕了。

注解

惊：惊动。

释义

比喻采取机密行动时，不慎惊动了对方。

49

扫码听音频

dà gōng wú sī
大公无私

春秋时期，晋国有个品行高尚的大夫，叫祁黄羊。

一天，晋平公让他推荐南阳县令的人选，祁黄羊推荐了

仇人解狐。晋平公不解，祁黄羊说："因为解狐最合适。"

后来，晋平公又让祁黄羊推荐法官的人选，祁黄羊推荐

了儿子祁午。晋平公很惊讶，祁黄羊说："您是问我谁

适合当法官，我考虑的是谁适合担任这个职务，而没有

想被举荐人与我的关系。"推荐人才不避仇、不避亲，

连孔子都称赞祁黄羊是

个大公无私的人。

注解

私：私心。

释义

形容办事公道，毫无私心。

大器晚成
dà qì wǎn chéng

扫码听音频

东汉末年，有一个叫崔林的人，他既无成就，又无名望，亲戚朋友都看不起他。崔林有一个堂哥叫崔琰。崔琰对崔林很欣赏，还常常对别人说："才能大的人需要长时间才能成才，以崔林的见识和才干，将来一定会成大器。"后来，崔林为国忠心效力，位列三公，真正实现了崔琰对他"成大器"的期望。

注解

大器：比喻人才。

释义

比喻能取得重大成就的人要经过长期的磨炼，所以成功较晚。

扫码听音频

dà yì miè qīn
大义灭亲

chūn qiū shí qī　　　zhōu yù yǔ shí hòu yì　qǐ shè jì móu hài le wèi huán gōng　　hòu lái zhōu
春秋时期，州吁与石厚一起设计谋害了卫桓公。后来州

yù dāng shàng le guó jūn　　kě bǎi xìng bù yōng dài tā　　qí tā zhū hóu yě kàn bu qǐ tā
吁当上了国君，可百姓不拥戴他，其他诸侯也看不起他。

shí hòu de fù qīn shí què shì gè zhèng zhí de rén　　tā tòng hèn zhōu yù hé shí hòu
石厚的父亲石碏是个正直的人，他痛恨州吁和石厚

xíng dà nì bú dào zhī shì　　biàn shè jì zhuā zhù le zhōu yù hé shí hòu　　zhèng zhǔn bèi jiāng
行大逆不道之事，便设计抓住了州吁和石厚。正准备将

tā men chǔ sǐ shí　　dà chén shuō　　shí hòu wéi shí què qīn zǐ　　yīng shèn zhòng xíng shì
他们处死时，大臣说："石厚为石碏亲子，应慎重行事。"

shí què shuō　　bù zhōng bú xiào de rén　　liú zhe yě méi yòng　　rén men fēn fēn zàn
石碏说："不忠不孝的人，留着也没用。"人们纷纷赞

yáng shí què dà yì miè qīn de xíng wéi
扬石碏大义灭亲的行为。

注解

大义：正义，正道。

释义

为了维护正义不徇私情，使犯罪的亲属受到应有的惩处。

呆若木鸡

dāi ruò mù jī

扫码听音频

春秋战国时期，有个叫纪渻子的人，为君王驯养专门用于决斗的鸡。纪渻子驯了四十天，才说鸡驯好了。他把那只鸡放入鸡群，让君王观察，还说："您看这只鸡，既不骄傲，又心神安定。别的鸡再挑衅，它也不害怕，看上去好像木头做的。别的鸡都不敢同它斗。如果它去参加比赛，保证天下无敌。"君王听了非常高兴。后来，这只鸡果然赢得了比赛。

注解

呆：傻，发愣的样子。

释义

呆得像木头做的鸡一样。现在形容因恐惧或惊讶而发愣的样子。

53

扫码听音频

当务之急

有一次，孟子的弟子问："要做的事很多，究竟要先做些什么呢？"孟子说："有智慧的人无所不知，但要知道当前应该做的事中最急需办的事，而不是面面俱到。"接着，孟子又从反面来回答："父母死了，不去服三年的丧期，却对服三个月、五个月丧期的礼节很讲究；用餐时，在长者面前狼吞虎咽，大声喝汤，却讲究不能用牙齿咬断干肉等，这就是舍本逐末，不知道当前最需要做的事是什么。"

注解

当务：当前应当办的事。

释义

当前急切应办的事。

得过且过
dé guò qiě guò

传说五台山上有一种鸟，叫寒号鸟。每当夏季来临
时，寒号鸟就会浑身长满色彩斑斓的羽毛。这时它便会
得意地唱道："凤凰不如我！凤凰不如我！"它天天唱
着，却不搭窝。寒冬来临时，虽然天气很冷，但它还是
不搭窝。慢慢地，它身上漂亮的羽毛全部脱落了。当寒
风袭来，这只光秃秃的鸟就只能无可奈
何地哀鸣："得过且过！得过且过！"

注解

且：暂且。

释义

只要勉强过得去，就这样过下去，敷衍地过日子。也指对工作敷衍了事，不负责任。

得陇望蜀
dé lǒng wàng shǔ

东汉时，公孙述割据蜀地，隗嚣割据陇地，二人公开对抗朝廷。岑彭随光武帝去攻打隗嚣，并将其围困在西城。此时，公孙述派兵援救隗嚣。光武帝见一时攻不下，就留了一封信给岑彭，自己先回洛阳去了。信上面写道："如果攻占了陇地，就直接带兵攻打蜀地。人总是不知足，我也一样。得到了陇地，又希望得到蜀地。"

注解

陇：今甘肃一带。蜀：今四川一带。

释义

已经取得陇地，还想攻取西蜀。后来用来形容人贪得无厌。

得心应手
dé xīn yìng shǒu

扫码听音频

一天，齐桓公正在读书，堂下制作车轮的工匠轮扁听到后说："您读的都是古人遗留下来的糟粕！"齐桓公大怒，让他讲出道理，不然就处死他。轮扁说："就拿制作车轮来说吧，卯榫不能太松，也不能太紧。我制作时得心应手，但奥妙之处无法用话语传授给我的儿子，他也无法继承。古人智慧的精华部分已经随他们的离世而失传了，所以您读的书只是糟粕罢了。"

注解

得：得到，想到。应：反应，配合。

释义

心里怎么想，手就能怎么做。形容运用自如。

57

扫码听音频

得意扬扬
dé yì yáng yáng

春秋时期，齐国的晏子虽身居高位，但行事沉稳，十分谦恭。他的车夫觉得自己能替相国驾车，十分了不起。一次，车夫驾着马车从自己家门前经过，他的妻子看到丈夫挥着鞭子，一副得意扬扬的样子，心里很生气。等丈夫回家后，妻子对他说："晏子身为相国，为人十分谦恭。你身为车夫，理应向他学习。"车夫觉得有道理，从此变得谦虚起来。

注解

扬扬：得意的样子。

释义

形容非常得意的样子。

扫码听音频

点石成金
diǎn shí chéng jīn

传说晋朝有一个道术高深的人，名叫许逊。他为
chuán shuō jìn cháo yǒu yí gè dào shù gāo shēn de rén míng jiào xǔ xùn tā wéi

人正直，能施符作法，替人驱灾治病，百姓们都很信服
rén zhèng zhí néng shī fú zuò fǎ tì rén qū zāi zhì bìng bǎi xìng men dōu hěn xìn fú

他。后来，许逊当了旌阳县的县令。有一年收成不好，
tā hòu lái xǔ xùn dāng le jīng yáng xiàn de xiàn lìng yǒu yì nián shōu cheng bù hǎo

老百姓缴不起赋税，许逊便叫大家把石头挑来，他来施
lǎo bǎi xìng jiǎo bù qǐ fù shuì xǔ xùn biàn jiào dà jiā bǎ shí tou tiāo lái tā lái shī

展法术。只见他用手指一点，石头都变成了金子。这些
zhǎn fǎ shù zhǐ jiàn tā yòng shǒu zhǐ yì diǎn shí tou dōu biàn chéng le jīn zi zhè xiē

金子补足了百姓们拖欠的赋
jīn zi bǔ zú le bǎi xìng men tuō qiàn de fù

税。成语"点石成
shuì chéng yǔ diǎn shí chéng

金"由此而来。
jīn yóu cǐ ér lái

注解

成：变成。

释义

比喻把不好的或平凡的事
物改变成很好的事物。

扫码听音频

东窗事发
dōng chuāng shì fā

南宋时，北方金兵侵占了不少土地，岳飞率军顽强

地抵抗金兵，可秦桧却主张议和。一天，秦桧和他的妻

子王氏坐在东窗下密谋，王氏说："擒虎易，放虎难。"

秦桧听了，决定杀掉岳飞。岳飞遇害后，秦桧病死，王

氏请道士为他超度。道士为岳飞抱不平，就说："地狱

里的秦大人要我对你说，你们在东窗下谋划的事情败露

了！"王氏被吓得魂不附体，连

忙到岳飞墓前求饶。

注解

发：暴露。

释义

指罪行、阴谋败露。

扫码听音频

东山再起
dōng shān zài qǐ

谢安是东晋时期的名士，出身士族，很有才学，却
xiè ān shì dōng jìn shí qī de míng shì   chū shēn shì zú   hěn yǒu cái xué   què

不愿做官。他辞官回家，在浙江会稽的东山隐居，整日
bú yuàn zuò guān   tā cí guān huí jiā   zài zhè jiāng kuài jī de dōng shān yǐn jū   zhěng rì

游山玩水，写诗作文。后来，为了国家的稳定和家族的
yóu shān wán shuǐ   xiě shī zuò wén   hòu lái   wèi le guó jiā de wěn dìng hé jiā zú de

荣耀，他重步仕途。在他赴任的那天，有个官员开玩笑
róng yào   tā chóng bù shì tú   zài tā fù rèn de nà tiān   yǒu gè guān yuán kāi wán xiào

说："您过去不愿做官，高卧
shuō   nín guò qù bú yuàn zuò guān   gāo wò

东山，悠闲自在，想不到您今
dōng shān   yōu xián zì zài   xiǎng bú dào nín jīn

天到底出山了。"
tiān dào dǐ chū shān le

注解
再起：再次出来做事。

释义
比喻隐退后再出来任要职。
也比喻失势后重新得势。

61

扫码听音频

dōng shī xiào pín
东施效颦

chūn qiū shí qī ruò yē xī biān de xī cūn yǒu yí wèi jiào xī shī de měi nǚ
春秋时期，若耶溪边的西村有一位叫西施的美女。

xī shī yǒu xīn kǒu tòng de jí bìng fā zuò shí zǒng shì jǐn zhòu méi tóu yòng shǒu àn zhù
西施有心口痛的疾病，发作时总是紧皱眉头，用手按住

xiōng kǒu zhè zhǒng zī tài fǎn ér ràng rén jué de tā gèng jiā chǔ chǔ dòng rén dōng cūn yǒu
胸口，这种姿态反而让人觉得她更加楚楚动人。东村有

yí wèi jiào dōng shī de chǒu gū niang hěn xiàn mù xī shī yú shì tā jiù mó fǎng xī
一位叫东施的丑姑娘，很羡慕西施。于是，她就模仿西

shī zhòu zhe méi tóu àn zhù xiōng kǒu zǒu lù yǐ wéi zhè yàng jiù kě yǐ hé xī shī
施，皱着眉头、按住胸口走路，以为这样就可以和西施

yí yàng měi le kě shì tóng cūn de rén
一样美了。可是，同村的人

kàn le fēn fēn rào dào zǒu kāi le
看了，纷纷绕道走开了。

注解

效：仿效。颦：皱眉。

释义

比喻不知道人家好在哪里，自己
又没有条件而盲目效仿，效果适
得其反。

62

扫码听音频

独当一面
dú dāng yí miàn

秦朝末年，刘邦和项羽争夺天下。
qín cháo mò nián　liú bāng hé xiàng yǔ zhēng duó tiān xià

有一次，两军在彭城交战，刘邦的军队大败。刘邦因此
yǒu yí cì　liǎng jūn zài péng chéng jiāo zhàn　liú bāng de jūn duì dà bài　liú bāng yīn cǐ

非常气愤，说："谁可与我共建功业？我愿将关东作为
fēi cháng qì fèn　shuō　shuí kě yǔ wǒ gòng jiàn gōng yè　wǒ yuàn jiāng guān dōng zuò wéi

封赏。"刘邦的谋士张良说："与项羽有矛盾的九江王
fēng shǎng　liú bāng de móu shì zhāng liáng shuō　yǔ xiàng yǔ yǒu máo dùn de jiǔ jiāng wáng

黥布，反对项羽的彭越，再加上您的将领、可独当一面
qíng bù　fǎn duì xiàng yǔ de péng yuè　zài jiā shàng nín de jiàng lǐng　kě dú dāng yí miàn

的韩信，这三人可以打败项羽。"刘邦接受了张良的建
de hán xìn　zhè sān rén kě yǐ dǎ bài xiàng yǔ　liú bāng jiē shòu le zhāng liáng de jiàn

议，最后打败了项羽。
yì　zuì hòu dǎ bài le xiàng yǔ

注解

当：担当，负责。

释义

单独负责一个方面
的重要任务。

扫码听音频

对牛弹琴
duì niú tán qín

古代有个音乐家叫公明仪，他弹得一手好琴。有一天，公明仪看到一头牛正在吃草，便准备给牛弹奏一曲。他先弹了一首高雅的《清角之操》，但牛毫无反应。它只顾低头吃草，好像没听到琴声一样。公明仪叹了口气，终于明白："对牛弹琴，曲子根本就不能入牛的耳朵啊！"

注解

对：朝着，向着。

释义

比喻对不懂道理的人讲道理，对外行人说内行话，现在也用来讥笑说话的人不看对象。

扫码听音频

对症下药
duì zhèng xià yào

有一天，倪寻和李延生病了，他俩都是头痛、发热，便一起去找华佗看病。经过诊断，华佗分别给他俩开了泻药和发汗药。他们一看觉得很疑惑：都是头痛发热的症状，为什么吃的药不一样？华佗说："倪寻的病在于内伤饮食，李延的病在于外感风寒。吃药要看具体情况，你们症状虽相同，病因却不同，用药当然不同了。"

两人听了，便放心服药，果然病很快就好了。

注解

症：病症。下药：用药。

释义

针对病症用药。比喻针对具体情况决定解决问题的办法。

扫码听音频

多多益善
duō duō yì shàn

西汉初年，刘邦与韩信谈论众将领的才能。刘邦问韩信："像我这样的将领能统率多少士兵？"韩信说："最多十万人。"刘邦又问："那你可以统率多少士兵？"韩信说："对我来说，士兵当然是越多越好。"刘邦听后对韩信说："既然你统率的士兵越多越好，那为什么要服从我的命令呢？"韩信说："陛下虽不擅长统率士兵，但善于指挥将领。这就是我臣服于您的原因。"

注解

益：更加。

释义

原指带兵时，将士越多越能打胜仗，后泛指越多越好。

成语三百则

尔虞我诈

ěr yú wǒ zhà

扫码听音频

春秋时期，楚国发兵攻打弱小的宋国。宋国不肯投降，楚国久攻不下。一天夜里，宋国将领华元潜入楚营，劫持了楚军将领，并对他说："我们宁愿战死、饿死，也绝不屈膝投降！希望你们后撤三十里，同我国订立盟约。"楚军将领将这件事禀告楚王，楚王同意了。

第二天，楚军退兵三十里，两国订立盟约，盟约上写着："我无尔诈，尔无我虞。"

注解

尔：你。虞、诈：欺骗。

释义

彼此猜疑，互相欺骗。

67

扫码听音频

耳熟能详
ěr shú néng xiáng

欧阳修是宋代著名的文学家。四岁时，父亲就去世了，母亲独自一人将他抚养长大。母亲经常会给欧阳修讲一些父亲生前的事迹，还用父亲的言论来教导他。成年后，欧阳修给父亲写了一篇碑文，记录了母亲讲述的有关父亲的言行。碑文里面有这样一句："吾耳熟焉，故能详也。"意思是：我听得多了，就能很清楚、很详细地复述出来。

注解

详：说明，细说。

释义

听的次数多了，熟悉得能详尽地说出来。

分道扬镳

fēn dào yáng biāo

扫码听音频

南北朝时期，魏孝文帝封元志为洛阳令。有一天，元志乘坐马车从街上经过，遇到了御史中尉李彪乘坐的马车，两辆马车互不相让。李彪说："我官职比你高，你应该让路。"元志反驳道："我是洛阳的地方官，你只是住户，地方官怎能给住户让路呢？"他们俩谁也不让谁，最后到魏孝文帝那里评理。

魏孝文帝听了他们的申诉，说："你们各有各的道理。我认为你们可以分开走，各走各的路，这样不就行了吗？"

注解

镳：马嚼子的两端露出嘴外的部分。

释义

现在用来比喻因志趣、目标不同而各奔各的前程或各干各的事。

69

奋不顾身
fèn bú gù shēn

扫码听音频

李陵是汉武帝时期著名的将领。有一次，匈奴入侵，他率军出征，由于寡不敌众，无奈投降。消息传回朝廷后，朝中大臣纷纷指责李陵没有骨气。汉武帝很生气，认为李陵辜负了自己的信任。司马迁却说："我和李陵一向没什么交情，但我见他为人很讲义气，孝顺父母，友爱兵士。他常想奋不顾身地解救国家的灾难。这次他被迫投降，并非贪生怕死，而是想等待有利的时机再报效国家。"

注解

顾：顾惜。

释义

奋勇向前，不考虑个人安危。

风吹草动
fēng chuī cǎo dòng

扫码听音频

春秋时期，伍子胥的父亲伍奢是楚国大臣，因不满楚平王沉迷于酒色而惹来杀身之祸。伍子胥想要逃到吴国去，可是，官兵的搜捕非常严密，很难逃出去。后来，伍子胥躲在江边的芦苇中，乘坐渔船逃了出去。伍子胥在逃亡的时候，常常是风一吹草一动就以为自己被发现了，便赶紧躲起来，十分谨慎。最终，他顺利地逃到了吴国。

注解

动：摇动，晃动。

释义

风一吹，草就晃动。比喻轻微的动静或变故。

71

扫码听音频

凤毛麟角
fèng máo lín jiǎo

南朝宋时期，著名诗人谢灵运的
诗歌广为流传。他的孙子谢超宗聪明又
好学，文章写得很出色。有一年，新安王刘子鸾的母亲
过世，谢超宗为其撰写了一篇悼词。孝武帝读了以后大
加赞赏："谢超宗是比凤凰的羽毛还少见的人才啊，谢
家又出了一个谢灵运。"成语"凤毛
麟角"就是从"凤毛"慢慢
演化而来的。

注解

凤：凤凰。麟：麒麟。

释义

比喻稀少而可贵的人或
事物。

负荆请罪

fù jīng qǐng zuì

扫码听音频

战国时期，赵国有两位大臣——文臣蔺相如和武将廉颇。廉颇觉得自己对国家有功，地位却没有蔺相如高，内心很不服气，扬言要当面羞辱蔺相如。蔺相如知道后处处忍让，他的门客觉得他很懦弱，蔺相如却说："秦国不敢攻打赵国，是因为赵国文官武将一条心。如果我们不和，对国家不利。"廉颇知道后很羞愧，于是光着上身、背着荆条到蔺相如家请罪。此后，他们两人成为好朋友，齐心协力为国效力。

注解

负：背着。荆：荆条。

释义

背着荆条向对方请罪。表示主动向人认错赔罪，请求责罚。

73

扫码听音频

负隅顽抗
fù yú wán kàng

晋国有一位叫冯妇的猎手，他善于和老虎搏斗。有一年，大山里出现了一只老虎，经常伤害路过的行人。几个猎人知道后，就联合起来把老虎追至山林深处。老虎背靠着一个山势险要的地方，顽固抵抗，猎人们不敢进攻。正好冯妇路过这里，猎人们见了便请他帮忙打虎，冯妇马上挽起袖子和老虎搏斗起来。经过一场艰难的搏斗，冯妇终于制服了老虎。

注解

负：依靠。隅：山势弯曲险阻的地方。

释义

凭借险要的地势等条件顽固抵抗。现多用于贬义。

覆水难收

fù shuǐ nán shōu

扫码听音频

商朝末期，有个足智多谋的人叫姜子牙。他常坐在渭水河边，用没有鱼饵的直钩钓鱼。他的妻子马氏嫌他不务正业，就离开了他。后来，姜子牙帮助周武王联合各路诸侯攻灭商朝，建立西周。马氏得知后，想和他恢复夫妻关系。姜子牙看透了马氏的为人，便将一盆水倒在地上，叫马氏把水收起来，可马氏只能收到一些泥浆。姜子牙对她说："我们不可能再像以前一样了，就像这泼出去的水，无法再收回来了！"

注解

覆：倒。

释义

倒在地上的水无法再收回。比喻事情已成定局，难以挽回。

75

扫码听音频

改过自新
gǎi guò zì xīn

淳于意是西汉的名医。一次，因为有人诬告，他被押到长安去受刑。他的小女儿缇萦很伤心，就跟随父亲到了长安。接着，她给汉文帝写了一封信，信上说："我父亲在齐国当官的时候，百姓都称赞他公正廉洁。现在他犯法被判刑，我非常痛心。受刑之后，即使他想改过自新，也没有机会了。我愿意当奴婢，来赎父亲的罪，让他能有改过自新的机会。"汉文帝很感动，就赦免了淳于意的罪。

注解

自新：重新做人。

释义

改正过失或错误，重新做人。

肝脑涂地

gān nǎo tú dì

扫码听音频

刘邦建立汉朝后，本想在洛阳建都。一个叫娄敬的

人知道后，便求见刘邦。一见面，娄敬就说："您建都

洛阳，是想与周朝比盛况吗？"刘邦点了点头。娄敬分

析道："周朝以德行治天下，天下太平。可您与项羽争

夺天下，大小战争无数，让天下无辜百姓的肝脑都流到

地上，尸横遍野。在百姓的埋怨声中建都洛阳，显然不

合适。长安易守难攻，是块宝地。"刘邦听后，打消了

建都洛阳的念头，决定建都长安。

注解

涂：涂抹。

释义

原指在战乱中惨死。现在多
用来指竭尽忠诚，甘愿牺牲。

扫码听音频

高山流水

春秋时期，有个琴艺高超的人，叫俞伯牙。一次，伯牙乘船夜游，还弹起琴来。忽然，一个樵夫在岸边喝彩，俞伯牙就请他上船，为他演奏。弹到赞美高山的曲调时，樵夫便说："雄伟庄重，像高耸入云的泰山！"弹到表现奔腾的波涛的曲调时，樵夫又说："宽广浩荡，像无边的大海！"伯牙激动地说："知音！你真是我的知音啊。"这个樵夫就是钟子期。从此，二人成了很好的朋友。

注解

高山：乐曲名。流水：乐曲名。

释义

比喻知音难遇或乐曲高妙。

高屋建瓴
gāo wū jiàn líng

扫码听音频

西汉初年，有人上书举报韩信谋反。刘邦召集大臣商议对策，他采用陈平的建议，没费什么力气就抓住了韩信。大臣田肯对刘邦说："陛下擒了韩信，又统治着关中地区。关中这个地方土地辽阔，地势险要，易守难攻，可以轻易地控制和驾驭诸侯，就好像是从高高的屋顶向下倒水一样，势不可挡。"刘邦听了十分高兴，并赏了黄金给田肯。

注解

建：倾，倒。瓴：装水的瓶子。

释义

在高屋脊上倾倒瓶里的水。比喻居高临下，形势不可阻挡。

扫码听音频

各得其所
gè dé qí suǒ

昭平君是汉武帝的外甥，因没人管束，日益骄横。

一次，他酒后杀人被捕入狱。官员请示汉武帝怎么处理，汉武帝叹息道："我妹妹死前把他托付给了我，现在要判他死罪，我不忍心呀！可法令是先帝制定的，如果因为是我的亲属而破坏法令，我就会失信于民。"后来，汉武帝下诏处死了昭平君。东方朔对汉武帝说："赏功不避仇敌，罚罪不论骨肉，这两条陛下都做到了，百姓就会各得其所。"

注解

所：处所，位置。

释义

指每个人或事物都得到合适的安顿。

苟延残喘

gǒu yán cán chuǎn

从前，有个人叫东郭先生。一天，他牵着毛驴出门，驴背上驮着一布袋书。路上，东郭先生遇见了一只受伤的狼。狼哀求东郭先生："猎人要追上来了，请让我躲进布袋里，使垂危的生命暂且得到延续吧。"东郭先生可怜狼，便答应了它的请求。谁知危险过去后，狼便露出了真面目，挥舞着爪子扑向东郭先生，要吃掉他。幸好一位老农路过，他问明缘由后，设计打死了狼，解救了东郭先生。

注解

苟：暂且，勉强。延：延续。

释义

勉强拖延一口没断的气，比喻勉强维持生存。

81

扫码听音频

狗尾续貂

晋武帝司马炎死后，他的叔叔司马伦发动政变，篡夺了皇位。司马伦称帝后给他的亲戚和同党都封了官，就连他的奴仆也滥加封赏。那时官员的帽子后面都要插上貂尾作为装饰。由于司马伦大肆封官晋爵，貂尾不够用，只好用狗尾来代替。人们痛恨这种腐败的现象，就编了歌谣"貂不足，狗尾续"加以讽刺。

注解

续：连接。

释义

比喻拿不好的东西接到好的东西后面，显得好坏不相称（多指文学作品）。

顾名思义
gù míng sī yì

扫码听音频

古人的名字，不仅有丰富的含义，还寄托了取名者对被取名者的殷切期望。三国时期，魏文帝曹丕的老师王昶为人正直，有学问，很注重名节。他给儿子、侄子起名字时，会用含有谦虚朴实之义的字词。王昶写信告诫他的子侄说："希望你们看到名字就想到它的含义，不做出违背其含义的行为。"

注解

顾：看。义：意义，含义。

释义

看到名称就能联想到它的含义。

83

刮目相看
guā mù xiāng kàn

三国时期，东吴大将吕蒙作战勇猛，屡立战功，但读书很少。在孙权的要求和鼓励下，吕蒙决定奋发读书。鲁肃一直看不起吕蒙，认为他有勇无谋。一次，鲁肃去吕蒙的营寨看望他，两人一起讨论军事时，吕蒙引经据典，说得头头是道。鲁肃吃惊地说："你在军事、政治上的才能和谋略竟到了如此地步，已经不再是原来的吕蒙了！士别三日，当刮目相看啊。"

注解

刮目：擦亮眼睛，指去掉旧的看法。

释义

用新的眼光来看待。

扫码听音频

管鲍之交
guǎn bào zhī jiāo

春秋时期，齐国的管仲和鲍叔牙是好朋友。管仲是公子纠的老师，而鲍叔牙是公子小白的老师。后来，在争夺王位中，公子小白当了齐王。齐恒公想拜鲍叔牙为相邦，可鲍叔牙却推荐了管仲，他说："管仲是一位有才干的人。当初争权，因为他是公子纠的老师，所以才拿箭射了您。"最后，齐恒公采纳了鲍叔牙的建议。在管仲的辅佐下，没过几年，齐国就富强了起来。后人称赞好朋友之间的友谊时，就会用"管鲍之交"来形容。

注解

交：情谊，交情。

释义

比喻深厚的交谊。

85

扫码听音频

鬼斧神工
guǐ fǔ shén gōng

春秋时期，鲁国有个技艺高超的木匠叫梓庆。一次，梓庆用木头做了一个外形美观、花纹精细的镣。鲁国国君见了连连称奇，他问梓庆："你是用什么法术做出来的？"梓庆笑着说："我不过是一个普通人，怎么会懂法术呢？我在雕刻它时，心中没有杂念，只想着怎么把它做好。连自己的存在都忘记了，然后就做成了。"

注解

神工：非人工能及的精巧工艺。

释义

形容建筑、雕塑等技艺的精巧。

扫码听音频

裹足不前
guǒ zú bù qián

战国时期，秦国强大的原因之一是吸收了各国来的人才。但是秦国有人认为这些人是来挑拨离间的，便请求秦王嬴政颁发逐客令。李斯被驱逐后，给秦王写了一封信，信中说："国家不断吸引人才，才能更强大。如果把他国来的人才都赶走了，那天下有才能的人就会裹住双脚不敢来秦国，最终损害了自己，强盛了他国。"

秦王觉得李斯的话有道理，就废止了逐客令。

注解

裹：缠。

释义

缠上裹脚的布准备远行，却又停步不前，多指有所顾虑。

87

扫码听音频

过河拆桥
guò hé chāi qiáo

元朝时，大臣彻里帖木儿发现了科举制度的弊端，

便请求元顺帝废除科举制度，元顺帝同意了。在听读诏

书时，为羞辱支持科举制度的参政许有壬，彻里帖木儿

特意把他安排在第一位。听完诏书后，有个大臣对许有

壬冷嘲热讽道："参政可真算是过河拆桥的人啊！"

意思是：参政是靠科举当官的，听读诏书时却跪在最前

面，似乎是废除科举制度的领头人，就像过

桥后把桥拆了一样。

注解

拆：拆除。

释义

比喻达到目的后，就把曾经
帮助过自己的人一脚踢开。

过门不入

guò mén bú rù

扫码听音频

禹是上古时代的治水专家。他吸取父亲鲧用堵截法治水的失败教训，改用疏导的办法。治水的工程浩大，工作艰苦。禹离开了家，一去十三年。这十三年里，他曾三次路过自己的家门口，可他认为治水要紧，一次也没有走进家门。最后，治水终于成功了，因此传出禹治水"三过家门而不入"的佳话。

注解

过：路过。入：进入。

释义

路过家门却不进去。形容恪尽职守，公而忘私。

89

过犹不及
guò yóu bù jí

孔子是春秋时期著名的思想家和教育家，他认为超过和达不到同样不好，做事一定要恰到好处。一次，孔子的学生子贡问孔子："子张和子夏他俩谁更好一些？"孔子说："子张做事过头，超过了礼的标准；子夏过于拘谨，常常达不到礼的要求。"子贡说："这么说来，子张比子夏强一些。"孔子说："他俩都一样，做过了头和没有达到都是不合适的。"

注解

过：过分。犹：像。
不及：达不到。

释义

事情做得过头，就跟做得不够一样，都是不合适的。

邯郸学步 （hán dān xué bù）

扫码听音频

战国时期，燕国寿陵有个少年，他听说邯郸人走路的姿势很优美，就不辞辛苦地去邯郸学习。他今天学这个人走路，明天学那个人走路，就连脚怎样迈、手怎样摆，都很注意观察和模仿，但总也学不会。他认为只有放弃原来的走路方法，重新学走路才行。不料，他不仅没学会邯郸人的走路方法，还把自己原来的走路方法都忘了。最后，他只好爬回寿陵去了。

注解

邯郸：战国时赵国都城。
学步：学习走路的姿势。

释义

比喻盲目地模仿别人，反把原来自己会的东西忘了。

91

鸿鹄之志
hóng hú zhī zhì

秦朝末年，有个年轻人叫陈胜。他出身贫寒，却有远大的志向。一天，陈胜和其他雇工们谈起秦王朝的统治，都非常气愤，但又无可奈何。陈胜说："今后我们当中如果有人富贵了，不要忘了此刻一起劳动的兄弟啊！"大家都嘲笑他。陈胜说："唉！燕子和麻雀怎么能知道鸿鹄的志向呢？"

不久，陈胜在大泽乡发动起义，反抗秦朝的残酷统治，成了中国历史上第一次农民大起义的领袖。

注解

鸿鹄：天鹅。志：志向。

释义

比喻远大的志向。

后顾之忧
hòu gù zhī yōu

扫码听音频

北魏孝文帝时，李冲担任宰相。他为官清廉，对朝廷忠心耿耿，处理政事周到稳妥，深受人们的爱戴。孝文帝每次领兵出征，都会把朝中政事交给李冲处理，李冲总会处理得非常得当，让孝文帝很放心。后来，李冲因病去世，孝文帝十分悲痛。他说："李冲忠诚可靠，我交代的事，他总能办好，让我每次出征都没有后顾之忧。没想到他竟因病而死，我真伤心啊！"

注解

顾：回头看。

释义

需要回过头来照看的忧虑。指在前进、外出过程中，来自后方、家里或未来的忧虑。

93

后来居上
hòu lái jū shàng

汉武帝时，有个叫汲黯的大臣。他为人正直，敢于直截了当地向皇帝提意见。汉武帝却冷落他，不予重用。后来很多官职不如他的人，都加官晋爵，超过了他。这使汲黯心里很不平衡。有一次，汲黯对汉武帝说："陛下任用群臣，像堆柴草一样，'后来者居上'啊！"可最终，汲黯也没有受到汉武帝的重用。

注解

居：处在。

释义

原指资格浅的、新进的人反居资格老的人之上。后指后来的胜过原来的，后辈胜过前辈。

后起之秀
hòu qǐ zhī xiù

扫码听音频

东晋人王忱有才气，少年时就很有名。有一次，
dōng jìn rén wáng chén yǒu cái qì   shào nián shí jiù hěn yǒu míng   yǒu yí cì

王忱在舅舅范宁家遇到了张玄之。张玄之比王忱的年龄
wáng chén zài jiù jiu fàn níng jiā yù dào le zhāng xuán zhī   zhāng xuán zhī bǐ wáng chén de nián líng

大，便摆出了老前辈的架势，端正地坐着等王忱施礼。
dà   biàn bǎi chū le lǎo qián bèi de jià shi   duān zhèng de zuò zhe děng wáng chén shī lǐ

不料，王忱也默默地坐着，一言不发。最后，张玄之失
bú liào   wáng chén yě mò mò de zuò zhe   yì yán bù fā   zuì hòu   zhāng xuán zhī shī

望而去。事后，范宁对王忱说："张玄之是位名士，你
wàng ér qù   shì hòu   fàn níng duì wáng chén shuō   zhāng xuán zhī shì wèi míng shì   nǐ

为什么不与他交谈？"王忱却认为老前辈应该更谦逊。
wèi shén me bù yǔ tā jiāo tán   wáng chén què rèn wéi lǎo qián bèi yīng gāi gèng qiān xùn

范宁听了，称赞起外甥：
fàn níng tīng le   chēng zàn qǐ wài sheng

"你风流俊逸，真可
nǐ fēng liú jùn yì   zhēn kě

谓后起之秀。"
wèi hòu qǐ zhī xiù

注解

秀：优秀人物。

释义

指后来出现的或新成长
起来的优秀人物。

后生可畏
hòu shēng kě wèi

孔子在外游历时，有个小孩用泥土堆好的城堡正挡在孔子的车前。孔子问小孩："你为什么不避让车子呢？"小孩说："我只听过车子绕城走，可没听过城堡避让车子啊！"孔子赞叹道："小小年纪，懂的事理可真不少啊！"小孩说："鱼生下来不久就会游泳，马生下来不久就会跑，这些和年龄大小有什么关系呢？"孔子感慨地说："现在的年轻人可真是了不起呀！"

注解

后生：年轻一代，后辈。畏：敬畏。

释义

青年人是新生力量，很容易超过前辈，是值得敬畏的。

扫码听音频

囫囵吞枣
hú lún tūn zǎo

cóng qián yǒu gè rén　　tā kàn shū shí zhǐ niàn nèi róng　　cóng bú qù sī kǎo qí zhōng
从前有个人，他看书时只念内容，从不去思考其中

de dào lǐ　　yì tiān　　tā cān jiā jù huì　　yǒu rén duì zhe shí wù gǎn kǎi de shuō
的道理。一天，他参加聚会，有人对着食物感慨地说：

shì shàng nán yǒu liǎng quán qí měi de shì　　chī lí duì yá chǐ hǎo　　dàn huì shāng pí
"世上难有两全其美的事。吃梨对牙齿好，但会伤脾；

chī zǎo jiàn pí　　dàn duì yá chǐ chī bù hǎo　　zhè ge rén xiǎng biǎo xiàn zì jǐ de cōng míng
吃枣健脾，但对牙齿不好。"这个人想表现自己的聪明

cái zhì　　shuō　　chī lí shí zhǐ jiáo bú yàn　　jiù bú huì shāng pí　　chī zǎo shí bù
才智，说："吃梨时只嚼不咽，就不会伤脾；吃枣时不

jiáo　　zhěng gè tūn　　jiù bú huì shāng yá　　shuō zhe　　tā jiù tūn le yì kē zǎo
嚼，整个吞，就不会伤牙。"说着，他就吞了一颗枣，

péng you kàn le shuō　　nǐ zhè shì
朋友看了说："你这是

hú lún tūn zǎo wa
囫囵吞枣哇！"

注解

囫囵：整个儿。

释义

把枣整个吞下去，不加咀嚼，不辨滋味。比喻不加分析思考地笼统接受，不求理解消化。

狐假虎威
hú jiǎ hǔ wēi

老虎在森林里寻找食物，捉到了一只狐狸。正要吃时，狐狸灵机一动，说："你不能吃我，我是天帝派来管理野兽的。不信你就跟我走一趟，看看野兽见了我是不是都害怕。"老虎半信半疑，就跟在狐狸后面一起去了。果然，它们每到一处，野兽们都被吓得拼命逃跑。老虎相信了狐狸的话，它并不知道野兽害怕的其实是自己。成语"狐假虎威"由此而来。

注解

假：借。

释义

狐狸假借老虎的威势吓跑百兽。比喻依仗别人的势力来欺压人或吓唬人。

华而不实
huá ér bù shí

扫码听音频

春秋时，晋国大夫阳处父相貌不凡。一次，他出使卫国，回来时住在一家客店里。店主见阳处父举止不凡，十分钦佩，决定告别妻子追随他。几天后，店主又突然回家了。店主的妻子见丈夫突然折回，很疑惑。店主说："我看他长得一表人才，以为找到了可以信赖的人，谁知相处几天后，我发现他只会夸夸其谈。我怕跟着他没有得到教育，反而会受害，所以决定离开他。"成语"华而不实"由此演化而来。

注解

华：开花。

释义

花开得好看，但不结果实。比喻外表好看，内容空虚。

画饼充饥
huà bǐng chōng jī

三国时期，魏国的卢毓学识渊博。一次，卢毓去物色中书郎一职的人选，魏明帝对他说："国家能不能得到有才能的人，关键在你。选拔人才，不要只看名气。名气就像画在地上的饼，是不能吃的。"卢毓说："我认为应该对他们进行考核，看他们是否真的有才学。"

魏明帝觉得有道理，就下令制定了一套考核官员的标准。

注解

充饥：解饿。

释义

画个饼来解除饥饿。比喻徒有虚名而无实惠。也比喻用空想来安慰自己。

画龙点睛

huà lóng diǎn jīng

扫码听音频

南北朝时期，有位画家叫张僧繇。一次，梁武帝让他给金陵安乐寺作壁画。他在墙上画了四条非常逼真的金龙，可每条龙都没有眼睛。大家不解，张僧繇解释说："如果给龙加上眼睛，龙就会飞走！"大家不信，坚持要他加上眼睛。张僧繇没有办法，只好答应。刚加上第二条龙的眼睛，忽然雷电交加，点上眼睛的两条龙飞上了天，没有眼睛的龙依然留在墙上。

注解

睛：眼睛。

释义

比喻写文章或讲话时，在关键处用一两句话点明要旨，使之更为精辟传神，生动有力。

扫码听音频

画蛇添足
huà shé tiān zú

古时候，楚国有一家人祭祀祖先。祭祀仪式过后，主人赏了一壶酒给办事的人喝。可人多酒不够，于是有人提议大家比赛画蛇，谁画得又快又好，酒就归谁。有一个人画好后，他看了看周围，别人都还没画好呢。为了显示自己的本领，他决定给蛇画上四只脚。这时，另一个画好的人夺过酒壶说："蛇没有脚，你为什么要给它添上脚呢？"说完，那个人就把酒喝掉了。

注解

添：增加。

释义

画蛇时给蛇添上脚。比喻做了多余的事，非但无益，反而不合适。

黄粱一梦

huáng liáng yí mèng

扫码听音频

唐朝时，有个叫卢生的人在一家旅店遇到了一位道士，便与这位道士攀谈起来。卢生说，大丈夫应该求取功名，成就一番事业。道士听后，拿出一个枕头，让他枕着睡一觉。这时店主正好开始蒸黄粱饭。卢生枕着枕头，很快就进入了梦乡。他梦见自己当了宰相，儿孙满堂，生活美满。当他一觉醒来时，发现自己仍在旅店里，道士坐在旁边，就连店主的黄粱饭都还没蒸熟呢。

注解

黄粱：小米。

释义

比喻虚幻的事情、不切实际的空想和破灭了的希望。

扫码听音频

讳疾忌医
huì jí jì yī

扁鹊是战国时期的名医。一天，他去见蔡桓公，说："大王，您病了，病在皮肤表层。"蔡桓公不信。过了几天，扁鹊说蔡桓公的病已经到肌肉里了，蔡桓公还是不信。又过了几天，扁鹊说蔡桓公的病已经进入肠胃了，可蔡桓公还是不理睬。几天又过去了，这次，扁鹊只是看了一眼蔡桓公就走了。蔡桓公派人追问原因。扁鹊说："大王的病已经深入骨髓，只能听天由命了。"

不久，蔡桓公就病死了。

注解

讳：避忌。忌：惧怕。

释义

隐瞒病情，不愿医治。比喻掩饰自己的缺点、错误，不愿接受批评和帮助。

扫码听音频

机不可失
jī bù kě shī

唐朝初年，李靖带兵攻打盘踞在荆州的萧铣。他带领军队来到长江边，正值江水暴涨，部下就建议等江水退了再过江。李靖坚定地说："兵贵神速，机不可失。萧铣以为我们被江水阻隔，不会马上进攻。所以我们必须趁江水猛涨的大好时机，以迅雷不及掩耳之势，一下子攻到城下。这才是用兵的上策！"在李靖的指挥下，唐军果然打败了萧铣。

注解

机：机会。

释义

时机难求，不可错过。

105

鸡鸣狗盗

战国时，齐国的孟尝君喜欢招纳门客。一次，孟尝君出使秦国，秦昭王将他扣留了下来。为了让孟尝君脱身，一个善于钻狗洞的门客将本已献给秦昭王的狐裘偷了出来，献给了秦昭王的宠妃。宠妃为孟尝君求情，他这才被释放。孟尝君得救后想连夜出城，可是天还没亮，城门还没开。这时，另一个门客赶紧学鸡叫，附近的鸡也跟着叫了起来。守城门的士兵听见鸡叫，以为天亮了，便打开了城门，孟尝君这才得以逃脱。

注解

鸣：叫。盗：偷东西。

释义

指微不足道的技能。也指小偷小摸的行为。

扫码听音频

106

鸡犬不宁
jī quǎn bù níng

扫码听音频

唐朝时，著名文学家柳宗元因永贞革新失败，被贬到永州当官。在永州时，他目睹了民间哀鸿遍野、民不聊生的悲惨局面，便写了一篇《捕蛇者说》，其中有一句是："哗然而骇者，虽鸡狗不得宁焉。"意思是：官吏喧闹叫嚷着惊扰乡民的气势，不要说人，即使鸡狗也不能安宁。成语"鸡犬不宁"由此而来。

注解

宁：安宁。

释义

形容被骚扰得厉害，连鸡狗都不得安宁。

107

扫码听音频

疾恶如仇
jí è rú chóu

西晋时，有一位刚正、坚贞的官员叫傅咸。一次，

各地发生饥荒，百姓流离失所，饿死、冻死了很多人。

惠帝知道后问："他们为什么不吃肉粥？"傅咸听后，

便将百姓的情况讲给惠帝听。惠帝让他出主意。傅咸

说："大臣挥霍无度，百姓却生活在水深火热中。他们

如此奢侈腐化，朝廷应严加处罚。"最终，惠帝罢免了

一些官员，大臣也有所收敛。

于是，人们都说傅咸为官严

正、疾恶如仇。

注解

疾：憎恨。

释义

憎恨坏人坏事，如同仇敌。

既往不咎
jì wǎng bú jiù

扫码听音频

孔子是春秋时期著名的思想家、教育家。他治学严谨，对学生的要求很严格。一次，鲁哀公派人找来孔子的学生宰我，问他做土地神的牌位用什么木材最好。宰我回答道："夏朝用松木，商朝用柏木，周朝用栗木。用栗木的意思是使老百姓战栗恐惧。"孔子知道后就责备宰我："做了的事，不用再解释；做完的事，不用再劝谏；过去的事，也不要再责怪。"

注解

咎：责怪。

释义

对以往的错误、罪行不再责备、处分。

109

家徒四壁
jiā tú sì bì

扫码听音频

西汉的司马相如家境贫寒，但很有才华，名气很大。一天，他到富豪卓王孙家做客，大家都邀请他表演琴艺。卓王孙的女儿卓文君知道后，便躲在屏风后面偷听。一曲听完，卓文君对司马相如心生爱慕。后来，司马相如与卓文君私奔，回到了他的老家成都。虽然司马相如的家穷得只有四面光秃秃的墙壁，但卓文君一点儿也不后悔，心甘情愿地跟着司马相如过穷苦的日子。

注解

徒：只，仅仅。壁：墙壁。

释义

家里只有四面的墙壁。形容十分贫困，一无所有。

家喻户晓

相传有个梁地的妇女，家里不慎起火了，小侄子和她的小孩都在屋里。她冲进屋子里，想先把小侄子救出来，但是屋子里浓烟滚滚，根本就分不清哪个孩子是自己的小侄子。等她把孩子抱出来一看，却发现救的是自己的孩子。这时，火势很猛，她急得大哭道："要是不能把小侄子救出来，家家户户不就会认为我是个自私自利的小人了吗？那我就没脸面见人了！"于是，她再一次冲进火海，结果小侄子没有救出来，她自己也被烧死了。

注解

喻：明白。晓：知道。

释义

家家户户都知道。

111

扫码听音频

价值连城
jià zhí lián chéng

春秋时期，楚国人卞和发现了一块没被打磨过的璞玉，就拿去献给楚厉王。楚厉王命令玉匠鉴别，玉匠看后却说是石头，楚厉王便以欺君之罪下令砍掉了卞和的左脚。楚武王继位后，卞和又来献玉，楚武王又下令砍掉他的右脚。后来楚文王继位，听说卞和抱着璞玉在荆山下痛哭，于是召他进宫，命玉匠剔除璞玉外的包裹层。经过玉匠的雕琢，一块晶莹剔透的玉璧出现在众人眼前，果然是稀世珍宝。楚文王将这块玉璧看作国宝，并称其为"和氏璧"。

注解

连城：连成一片的许多城池。

释义

形容物品十分贵重。

兼听则明
jiān tīng zé míng

扫码听音频

一次，唐太宗问魏征："君主怎样才能明辨是非，不受蒙蔽呢？"魏征答："广泛地听取意见就能明辨是非，偏听偏信就会昏庸糊涂。舜帝耳听四面，眼观八方，所以当时即使有坏人，他也不会被其蒙蔽。秦二世偏信赵高，却被赵高所杀。国君若能广泛听取各方面的意见，就不会被别有用心的大臣蒙蔽。"唐太宗觉得非常有道理，不禁点头称赞道："说得太好了！"

注解

兼听：听取多方面的意见。

明：明辨。

释义

听取各方面的意见，就能把事情或道理弄明白。

113

扫码听音频

江郎才尽
jiāng láng cái jìn

南北朝时，有一个叫江淹的人，是当时有名的文学家。江淹年轻时家境贫寒，但他读书很刻苦，写出了很多精彩的诗文，人们都称赞他很有才华。后来，他受到朝廷的重用，在宋、齐、梁三个朝代都担任过官职。据传江淹晚年时在梦中将一支五色笔送还给郭璞，从此以后他的才思减退，写出的诗文也没有什么特别之处，人们再也看不到他有什么佳作，于是就说江郎的才华已经用尽了。

注解

江郎：指南朝的江淹。

释义

比喻人的才情文思衰退。

114

扫码听音频

狡兔三窟
jiǎo tù sān kū

战国时期，齐国的孟尝君有位门客叫冯谖。一次，孟尝君让他去薛城收债，并买些家里缺的东西回来。冯谖来到薛城，假借孟尝君的名义让欠债的百姓把债券烧了，因此他们都很感激孟尝君。冯谖回来后对孟尝君说："您只缺'义'，我把'义'买回来了。"

后来，孟尝君被罢官，回到薛城，百姓都出门迎接。孟尝君对冯谖说："你为我买的'义'，我今天见到了。"

冯谖回答道："狡猾的兔子有三个洞穴才能保命，现在您还只有一个。"

注解

窟：洞穴。

释义

狡猾的兔子有三个洞穴。比喻藏身处多，便于逃避灾祸。

115

扫码听音频

脚踏实地

司马光生活在北宋时期，他主编的《资治通鉴》是我国古代第一部编年体通史巨著。为了编好这部史书，司马光广泛收集材料，细心查证，精心推敲，历时十九年，才完成这部巨著。他严谨认真的治学态度受到了人们的赞扬。有一次，司马光的好朋友邵雍来拜访他，司马光笑着问邵雍："您觉得我是怎样的一个人呢？"邵雍回答说："您是个脚踏实地的人。"

注解

踏：踩。

释义

比喻做事踏实，实事求是，不浮夸。

揭竿而起
jiē gān ér qǐ

扫码听音频

秦朝末年，赋税繁重，征兵频繁，百姓生活在水深
qín cháo mò nián   fù shuì fán zhòng   zhēng bīng pín fán   bǎi xìng shēng huó zài shuǐ shēn

火热之中。公元前209年，官兵押着九百多名贫苦农民
huǒ rè zhī zhōng   gōng yuán qián nián   guān bīng yā zhe jiǔ bǎi duō míng pín kǔ nóng mín

去防守边境，陈胜、吴广为屯长。由于连日大雨，农民
qù fáng shǒu biān jìng   chén shèng   wú guǎng wéi tún zhǎng   yóu yú lián rì dà yǔ   nóng mín

们无法按规定的时间到达目的地，所以他们将被处死。
men wú fǎ àn guī dìng de shí jiān dào dá mù dì dì   suǒ yǐ tā men jiāng bèi chǔ sǐ

陈胜和吴广暗中商量：与其等死，不如造反。于是，
chén shèng hé wú guǎng àn zhōng shāng liang   yǔ qí děng sǐ   bù rú zào fǎn   yú shì

他们宣布起义，随后有许多人加入了起义军。他们用木
tā men xuān bù qǐ yì   suí hòu yǒu xǔ duō rén jiā rù le qǐ yì jūn   tā men yòng mù

棒当武器，砍下竹竿做旗帜，走上了
bàng dàng wǔ qì   kǎn xià zhú gān zuò qí zhì   zǒu shàng le

反对暴虐统治的战场。
fǎn duì bào nüè tǒng zhì de zhàn chǎng

注解

揭：举起。竿：竹竿，
代旗帜。

释义

高举反抗的旗帜，起来斗争。
原指秦末陈胜、吴广发动农民
起义。后泛指（人民）起义。

117

扫码听音频

嗟来之食

春秋战国时期，有一年齐国闹饥荒，很多穷人因缺粮少食而被活活饿死。齐国有个富人叫黔敖，他在大路旁摆放了一些食物，等着饿肚子的穷人经过，就施舍给他们。

有一天，一个饿得连路都走不动的人摇摇晃晃地从黔敖面前走过，黔敖冲他喊道："喂，来吃吧！"可那人不肯吃，还说："我就是因为不吃侮辱我尊严的食物，才饿成这个样子的！"

注解

嗟：不礼貌的招呼声。

释义

指带有侮辱性的施舍。

成语三百则

扫码听音频

捷足先登
jié zú xiān dēng

楚汉战争结束后，韩信被人告发谋反。曾经劝韩信自立为王的谋士蒯通被刘邦抓起来审问。蒯通理直气壮地对刘邦说："暴秦无道，天下英雄都想去争夺政权，只有才能卓绝、行动迅速的人才能先得到它。当时我只知道韩信，哪里知道陛下啊！与您争夺天下的人多得很，您个个都要杀掉吗？"刘邦觉得有道理，于是将他放了。

注解
捷：快。足：脚步。

释义
动作敏捷的人先达到目的或抢先得到益处。

119

扫码听音频

解铃还须系铃人

南唐高僧法眼禅师是佛教"法眼宗"的始祖，许多和尚跟他学佛法。泰钦法灯禅师也在学佛，他精通佛法，但从不将寺庙的清规戒律放在眼里，众人都轻视他。一天，法眼禅师问众和尚："谁能把绑在老虎脖子上的金铃解下来？"众人你看看我，我看看你，都答不出来。这时，泰钦法灯禅师说："解铃还须系铃人。"众人恍然大悟，从此对他刮目相看。

注解

系：拴。

释义

比喻由谁引起的麻烦，仍由谁去解决。

近水楼台

jìn shuǐ lóu tái

扫码听音频

范仲淹是北宋著名的政治家、文学家，他兴学治学，重视人才。凡是有才干的人，他都会提拔。范仲淹在杭州当官时，身边有不少官员得到了他的举荐。有一个叫苏麟的人，因为在外县做官，所以没有被范仲淹举荐。他便给范仲淹寄了一首诗，其中一句为："近水楼台先得月，向阳花木易为春。"意思是：接近范仲淹的人都得到了提拔。范仲淹看到后，便征询了他的想法，举荐他到更高、更重要的职位做官。

注解

近：临近。

释义

在靠近水边的楼台上，能先见到月亮。比喻因条件优越，能优先得到好处。

121

扫码听音频

jīng gōng zhī niǎo
惊弓之鸟

战国时期，魏国将军更羸擅长射箭。一天，更羸跟魏王到郊外打猎。一只大雁从远处慢慢地飞来，更羸指着大雁对魏王说："大王，我不用箭，只要拉一下弓，这只大雁就会掉下来。"魏王不信。于是，更羸右手拉弦，"嘣"的一声，大雁应声从空中掉了下来。魏王很吃惊，更羸说："这只大雁飞得慢，叫声又悲伤。我猜它受过箭伤，又刚失去同伴。它听到弓箭的声响，心里害怕，便拼命往高处飞。它一用力，伤口裂开，就掉下来了。"

注解

惊：惊慌，害怕。

释义

被弓箭吓怕了的鸟。比喻受过惊吓，遇到一点儿情况就惶恐不安的人。

精卫填海
jīng wèi tián hǎi

扫码听音频

传说，炎帝最疼爱的小女儿叫女娃。一天，女娃
在东海边玩耍，不幸被巨浪冲走淹死了。女娃死后，
她的灵魂化成一只小鸟，立志要把东海填平。它每天
从山上衔来石头和草木投向东海，嘴里不停地叫着"精
卫！精卫！……"好像在激励自己。于是，后人便称它
为精卫鸟。

注解

精卫：古代神话中的鸟名。

释义

比喻不畏艰难，不达目的誓
不罢休的坚强意志。

123

井底之蛙

一只青蛙住在一口枯井里，它在井底生活得无忧无虑，快乐极了。一天，青蛙在井边看见了一只正在散步的海龟。青蛙向海龟夸耀完自己的住所后，就招呼它到井底来玩。海龟刚想进来，却被井口卡住了脚。它说："你这地方太小了，我进不来。你见过大海吗？大海宽广得分不清天和水，深得没底。在海里生活才知道世界有多大，生活有多快乐！"青蛙瞪大了眼睛，惊奇得说不出话来。

注解

之：的。

释义

井底的蛙只能看到井口那么大的一片天。比喻眼界狭隘、见识短浅的人。

九牛一毛
jiǔ niú yì máo

扫码听音频

司马迁是西汉有名的史学家、文学家。汉武帝时期，匈奴入侵，司马迁为战败投降的李陵鸣不平，认为李陵选择投降是想伺机报国。汉武帝听后震怒，将司马迁处以"腐刑"。受刑后的司马迁很痛苦，曾想自杀，可转念一想：自己死了不过像"九牛亡一毛"那样微不足道，活下来还能做些事。后来，他以顽强的毅力完成了史学巨著《史记》。

注解

九：表示多数。

释义

比喻极大的数量中微不足道的一部分。

居安思危
jū ān sī wēi

扫码听音频

春秋时期，十二个诸侯国联合攻打郑国，郑国便向晋国求和。晋悼公与各国商量，同意议和。为了感谢晋国，郑国给晋国送去了许多财物、乐师和歌女。晋悼公非常高兴，决定赏赐功臣魏绛。魏绛谢绝了，并对晋悼公说："处在安乐的环境中，要想到随时可能发生的危险。我现在把这句话献给您。"晋悼公认为他言之有理，从此对他更加器重了。

注解

居：处于。思：想，考虑。

释义

处于安定的境况要想到可能出现的危难。

举棋不定
jǔ qí bú dìng

扫码听音频

春秋时期，卫国国君卫献公骄横残暴。孙文子和宁惠子发动政变，把卫献公赶下了台。后来，宁惠子临死前嘱咐儿子宁悼子把卫献公接回来。宁悼子和众大臣在一起商议，有个大臣叹息道："当年赶走国君，现在又要接回来，这是很危险的。就像下棋，如果举着棋子犹豫不决，是不可能获胜的。"

宁悼子不听劝告，接回了卫献公，最后被卫献公设计除掉了。

注解

举：拿着。

释义

拿着棋子，不知如何放下是好。比喻（做事）犹豫不决。

127

扫码听音频

举一反三
jǔ yī fǎn sān

一天，孔子给他的学生们讲课。孔子说："举一隅，不以三隅反，则不复也。"意思是：我举出一个方面，你们应该能灵活地推想到另外几个方面。如果不能的话，我就不能再教你们了。后人就根据孔子的这段话，整理出"举一反三"这个成语。意思是：学习一样东西，要灵活地思考，运用到其他类似的东西上。

注解

反：类推。

释义

比喻从一件事类推而知道许多事情。指善于推理，能由此知彼，触类旁通。

128

卷土重来

juǎn tǔ chóng lái

扫码听音频

秦朝末年，刘邦和项羽争夺天下，最后项羽大败，逃到乌江。乌江亭亭长让他坐船回江东，项羽却发出"无颜见江东父老"的感慨，拒绝渡江，最终拔剑自刎而死。

唐朝诗人杜牧后来游览项羽自杀之地，感慨万千。他写的《题乌江亭》中有一句"卷土重来未可知"，即感叹若项羽当年没有自杀，而是渡江积蓄力量再与刘邦较量，那么谁胜谁负还很难说。

注解

卷土：卷起尘土，形容人马奔跑。

释义

比喻失败之后重新恢复势力。

扫码听音频

开卷有益
kāi juàn yǒu yì

宋太祖赵匡胤死后，他的弟弟赵光义当了皇帝，史称宋太宗。宋太宗在位时，对新编成的《太平总类》这部书非常重视，规定自己每天看三卷。可宋太宗政事繁忙，经常因为有事耽搁而没有按计划阅读，于是就抽空补上。侍臣怕他读得太久，影响身体健康，他却说："我喜欢读书，况且只要翻开书卷阅读，就会有益处，所以不会觉得疲劳。"

注解

卷：书本。

释义

读书总有益处。常用以勉励人们勤奋好学。

开天辟地

kāi tiān pì dì

扫码听音频

相传在远古时期，世界就像一个鸡蛋，混沌一片。在这混沌中孕育着一个叫盘古的巨人。盘古睡醒后，发现眼前一片漆黑，便用斧子劈开了混沌的世界。轻而清的气体上升，形成了天；浑浊的东西在盘古脚下聚拢，凝成大地。盘古担心天地会重新合起来，就脚踩大地，手撑天空。天每天升高一丈，地每天加厚一丈，盘古的身体也跟着长高。经过漫长的岁月，天变得高不可攀，地变得宽广无边，而盘古就矗立在天地之间，直到天和地成形了，他才累得倒下了。

注解

辟：开辟。

释义

比喻前所未有的，有史以来第一次发生的。

kè jǐ fèng gōng
克己奉公

东汉时，有个叫祭遵的人，为人正派，做事讲究原则。祭遵曾随刘秀出征河北，担任"军市令"一职。有一次，刘秀身边的侍从犯了法，祭遵依法处死了侍从。刘秀知道后十分生气，想治他的罪。有人劝谏刘秀说："祭遵执法如山，秉公办事，为什么要处罚他呢？"刘秀听后，不仅没有处罚祭遵，还封他为刺奸将军。《后汉书·祭遵传》中写道："遵为人廉约小心，克己奉公……"

注解

克己：约束自己。奉公：以公事为重。

释义

严格要求自己，一心为公。

扫码听音频

kè zhōu qiú jiàn
刻舟求剑

战国时期，有个楚国人坐船渡江。船行到江中时，他不小心将身上佩带的宝剑掉到水中了。奇怪的是，楚国人没有去捞宝剑，反而用小刀在船舷上刻了个记号。等船靠岸后，那个楚国人立即从船上刻记号的位置跳下水去寻找宝剑，结果一无所获。和他一起乘船的人说："船一直在行驶，你的宝剑已经沉入水底，你在岸边又怎么会找到它呢？"

注解

舟：船。求：寻找，寻求。

释义

比喻办事刻板，拘泥而不知变通。

扫码听音频

kōng zhōng lóu gé
空中楼阁

古时候有一位财主，他到朋友家做客，看到朋友家那幢三层楼高的新屋，心里很羡慕。于是，财主找来当初造那栋房子的工匠们，让他们照着样子再盖一栋，还特意强调：房子要和那栋房子的第三层一样漂亮。工匠们开始忙碌起来。过了几天，财主来到工地，看着正在建的房子，很不满意，对工匠们说："我只要最上面那层，快把下面的两层拆掉。""这样的房子我们可造不出来。"工匠们大笑着走了。

注解

楼阁：楼台殿阁。

释义

悬在半空中的楼阁。比喻脱离实际，没有基础或虚构的事物。

134

口蜜腹剑

kǒu mì fù jiàn

扫码听音频

唐朝有个宰相叫李林甫，他能书善画，但心胸狭窄。凡才能比他强、声望比他高、权势地位和他差不多的人，他都会不择手段地打压或排挤对方。和人交往时，李林甫总会表现得和蔼可亲，但实际上，他阴险狡诈，常常暗地里陷害他人。

所以，当时人说他"口有蜜，腹有剑"。

注解

腹：肚子。

释义

形容嘴甜心狠，狡诈阴险。

135

扫码听音频

口若悬河
kǒu ruò xuán hé

jìn cháo shí　　yǒu gè dà xué wen jiā jiào guō xiàng　　tā nián qīng shí jiù hěn yǒu
晋朝时，有个大学问家叫郭象。他年轻时就很有

cái xué　　yú shì cháo tíng qǐng tā qù jīng chéng zuò guān　　guō xiàng píng jiè yuān bó de zhī
才学，于是朝廷请他去京城做官。郭象凭借渊博的知

shi　　yǒu xiù de kǒu cái hé fēn xī wèn tí de dú dào jiàn jiě　　shòu dào hěn duō rén de
识、优秀的口才和分析问题的独到见解，受到很多人的

huān yíng　　tài wèi wáng yǎn shí fēn xīn shǎng guō xiàng de kǒu cái　　tā cháng cháng zài bié rén
欢迎。太尉王衍十分欣赏郭象的口才，他常常在别人

miàn qián zàn yáng guō xiàng shuō　　　　guō xiàng jiǎng huà　　jiù xiàng yì tiáo dào xuán qǐ lái de
面前赞扬郭象说："郭象讲话，就像一条倒悬起来的

hé liú　　tāo tāo bù jué de wǎng xià guàn zhù
河流，滔滔不绝地往下灌注，

yǒng yuǎn yě méi yǒu kū jié de
永远也没有枯竭的

shí hou
时候。"

注解

若：像。

释义

说话滔滔不绝，像瀑布倾泻一样。形容能言善辩，话语不断。

136

夸父逐日
kuā fù zhú rì

扫码听音频

传说在远古时代，有一个叫夸父的人，身高无比，
chuán shuō zài yuǎn gǔ shí dài　yǒu yí gè jiào kuā fù de rén　shēn gāo wú bǐ

力大无穷。有一年天下大旱，太阳烤焦了地上的庄稼。
lì dà wú qióng　yǒu yì nián tiān xià dà hàn　tài yáng kǎo jiāo le dì shàng de zhuāng jia

夸父发誓要把太阳捉住，让它听从人们的吩咐。夸父拿
kuā fù fā shì yào bǎ tài yáng zhuō zhù　ràng tā tīng cóng rén men de fēn fù　kuā fù ná

起一根手杖，迈开双腿就开始追太阳。他跨过一座座高
qǐ yì gēn shǒu zhàng　mài kāi shuāng tuǐ jiù kāi shǐ zhuī tài yáng　tā kuà guò yí zuò zuò gāo

山，跃过一条条大河，可离太阳越近，他就越渴。夸父
shān　yuè guò yì tiáo tiáo dà hé　kě lí tài yáng yuè jìn　tā jiù yuè kě　kuā fù

跑到黄河边，一口气喝光了黄河的水，又跑到渭河边，
pǎo dào huáng hé biān　yì kǒu qì hē guāng le huáng hé de shuǐ　yòu pǎo dào wèi hé biān

喝干了渭河的水。正当他打算
hē gān le wèi hé de shuǐ　zhèng dāng tā dǎ suàn

去喝北方大泽的水时，又累又渴
qù hē běi fāng dà zé de shuǐ shí　yòu lèi yòu kě

的夸父再也支撑不住，倒下了。
de kuā fù zài yě zhī chēng bú zhù　dǎo xià le

注解

逐：追赶。

释义

形容人们征服自然的坚强决心。
也比喻不自量力。

137

快马加鞭

扫码听音频

墨子是春秋时期著名的思想家和教育家。他有一个门生叫耕柱子，为人骄傲自满。有一次，墨子责备耕柱子，耕柱子问："难道我没有比别人强的地方吗？"墨子说："如果我要去太行山，乘坐快马或牛，你打算鞭策哪一个呢？"耕柱子选快马，墨子问他原因，他说："马儿跑得快才值得鞭策。"墨子说："我也认为你是值得鞭策的。"耕柱子这才醒悟过来。

注解

鞭：鞭子。

释义

给跑得很快的马再加上一鞭子，使马跑得更快。比喻快上加快。也比喻不断努力，继续前进。

脍炙人口

kuài zhì rén kǒu

扫码听音频

春秋时期，孔子的弟子曾参是个孝子，他的父亲喜欢吃羊枣，父亲死后，曾参就不忍心再吃羊枣了。到了战国时，公孙丑就这件事问他的老师孟子："脍炙和羊枣哪个好吃？"孟子回答说是脍炙。公孙丑又问："那曾参父子一定都爱吃脍炙，可为什么曾参只是不忍心吃羊枣，却吃脍炙呢？"孟子说："脍炙人人都爱吃，羊枣却是曾参的父亲特别爱吃的东西，所以曾参会继续吃脍炙而不吃羊枣。"

注解

脍：细切的肉。炙：烤熟的肉。

释义

肉菜味道鲜美，使人爱吃。比喻好的事物或文艺作品为人人赞美和传诵。

139

扫码听音频

^{làn yú chōng shù}
滥竽充数

战国时期，齐国的国君齐宣王爱听吹竽，而且喜欢听合奏，于是他找了三百个吹竽手，集体表演吹竽。不学无术的南郭先生设法混进了乐队。每到演奏时，他都装出吹竽的样子，实际上什么声音也没吹出来。齐宣王死后，齐湣王继位。齐湣王爱听竽独奏。南郭先生很害怕，觉得自己再也混不下去了，就赶紧收拾行李逃走了。

注解

滥：失实的，假的。充数：凑数。

释义

比喻没有真才实学的人混在行家队伍中充数。也比喻以假的冒充真的，以次的冒充好的，或表示自谦，说自己水平不够，只是凑数而已。

扫码听音频

狼狈为奸
láng bèi wéi jiān

传说古时候有狼和狈两种野兽：狼的前肢长，后肢短；狈的前肢短，后肢长。有一次，狼和狈一起去偷羊，但羊圈又高又结实，它们跳不进去，也撞不开。于是，它们就想出了一个办法：狈让狼骑到它身上，然后狈站起来，把狼抬高，接着狼用前肢攀上羊圈，把羊拖走。根据狼和狈勾结干坏事的传说，后人创造了成语"狼狈为奸"。

注解

奸：坏事。

释义

比喻互相勾结做坏事。

141

扫码听音频

劳苦功高

秦朝末年，刘邦攻占咸阳后驻军霸上。项羽听说刘邦攻占了咸阳，就在鸿门设宴，想趁机杀死刘邦。刘邦的部下樊哙对项羽说："沛公先进咸阳，没有拿城里一点儿东西，只等大王来享用。沛公劳苦功高，您不给他高官厚禄，反而听信谗言想杀有功的人，希望您不要这样做啊！"项羽无话可说。刘邦后来以上厕所为借口，逃回了自己的军营。

注解

劳苦：劳累，辛苦。
功：功劳。

释义

指勤劳辛苦，功劳很大。

扫码听音频

老当益壮
lǎo dāng yì zhuàng

东汉名将马援从小就胸怀大志。成年后，他因为私自放走犯人，只好逃到北方以放牧为生。几年后，马援成了一个大畜牧主，但他胸中的志向并没有一丝一毫的减退。他说："大丈夫要'穷当益坚，老当益壮'。"意思是：越困穷，意志越要坚定；越年老，志气越要雄壮。后来，马援成为东汉开国功臣，为光武帝立下了赫赫战功。

注解

当：应该。益：更加。
壮：雄壮。

释义

年老而志气更加豪壮。现引申为年纪老，体力、精神更加健旺或干劲更大。

143

老马识途
lǎo mǎ shí tú

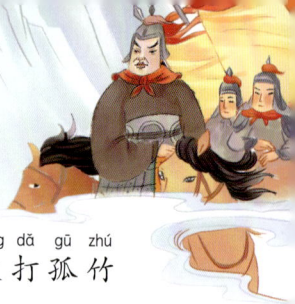

春秋时期，管仲跟随齐桓公去攻打孤竹
chūn qiū shí qī，guǎn zhòng gēn suí qí huán gōng qù gōng dǎ gū zhú

国。他们春天出征，返回时已是冬季，草木变
guó。tā men chūn tiān chū zhēng，fǎn huí shí yǐ shì dōng jì，cǎo mù biàn

了样，因而他们迷失了方向。管仲说："我听说老马有
le yàng，yīn ér tā men mí shī le fāng xiàng。guǎn zhòng shuō："wǒ tīng shuō lǎo mǎ yǒu

认路的本领，不如试试吧！"齐桓公同意了。于是，管
rèn lù de běn lǐng，bù rú shì shi ba！"qí huán gōng tóng yì le。yú shì，guǎn

仲放开几匹老马的缰绳，让它们走在前面，大军跟在后
zhòng fàng kāi jǐ pǐ lǎo mǎ de jiāng shéng，ràng tā men zǒu zài qián miàn，dà jūn gēn zài hòu

面。只见这些老马都不慌不忙地朝一个方向走，最后带
miàn。zhǐ jiàn zhè xiē lǎo mǎ dōu bù huāng bù máng de cháo yí gè fāng xiàng zǒu，zuì hòu dài

着军队踏上了回家的路。
zhe jūn duì tà shàng le huí jiā de lù。

注解

识：认得。途：路。

释义

老马认识走过的路。比喻阅历
多、经验丰富的人能看清方向，
熟悉情况，能起引导作用。

老生常谈

lǎo shēng cháng tán

扫码听音频

三国时期，魏国有个叫管辂的人，他博学多才，精通占卜术。一天，有两个官员让管辂给他们占卜。这两个官员常常仗势欺人，管辂便借此劝诫他们："你们将有血光之灾，多做善事才能化解。"有个官员不以为然："这些都是老书生常说的话罢了。"不久，这两个官员在一次兵变中被杀了。管辂知道后，说："对老书生常说的话置之不理，难怪有此下场啊！"

注解

老生：老书生。

释义

老书生经常发表的平凡的议论。比喻听惯了的并无新意的老话。

扫码听音频

乐不思蜀
lè bù sī shǔ

蜀国后主刘禅投降后，魏王封他一个只食俸禄并无实权的"安乐公"称号，并将他迁到魏国都城洛阳居住。一天，司马昭设宴招待刘禅和他的随从，还让舞姬表演蜀国的舞蹈。刘禅的随从想到灭亡的故国，伤心地流泪了，刘禅却仍旧欢乐嬉笑。司马昭问刘禅："你思念蜀国吗？"刘禅说："我在这里很快乐，一点儿都不思念蜀国。"

注解

思：想念。蜀：蜀国。

释义

比喻乐而忘返或乐而忘本。

乐此不疲
lè cǐ bù pí

扫码听音频

东汉光武帝刘秀深知百姓饱受战乱之苦，在他当上皇帝后，便颁布了一系列有利于安定民生的政策，以此来恢复生产。他勤于治理朝政，经常与大臣讨论治国方针，有时到深夜才睡觉。太子见他这么操劳，劝他要爱惜身体。刘秀笑着说："我自乐此，不为疲也。"意思是他并不觉得疲惫，反而觉得很快乐。

注解

疲：疲惫。

释义

形容对某事特别爱好而沉溺其中，不知道疲倦。

147

乐极生悲

战国时，齐威王经常通宵饮酒作乐，不理朝政。

一次宴会上，齐威王问淳于髡喝多少酒才会醉。淳于髡说："喝一斗也醉，喝一石也醉。"齐威王不解其意。

淳于髡解释道："我在不同场合、不同情况下酒量会变化。不过，人喝酒到了极点，就会因酒醉而乱了礼节；人如果快乐到了极点，就可能要发生悲伤之事。所以，做任何事都是一样，超过了一定的限度，就会走向反面。"齐威王听从劝谏，从此不再通宵饮酒了。

注解

极：尽头。生：发生

释义

快乐到极点的时候，发生悲痛的事情。

力不从心
lì bù cóng xīn

扫码听音频

东汉时，班超出使西域，他尽职尽责，立下了汗马功劳。年老时，班超觉得精力大不如从前，日夜思念家乡，就给皇帝上书请求调回。他的妹妹班昭也向皇帝求情说："我哥哥已经年满七十，现在头发花白，体弱多病。如果敌人突然侵犯，恐怕气力不能顺从心愿，不能保家卫国。"于是，皇帝下令让班超回朝。班超回来后不久就病逝了。

注解

从：依从。

释义

内心想做某事，但力量达不到或无力去做。

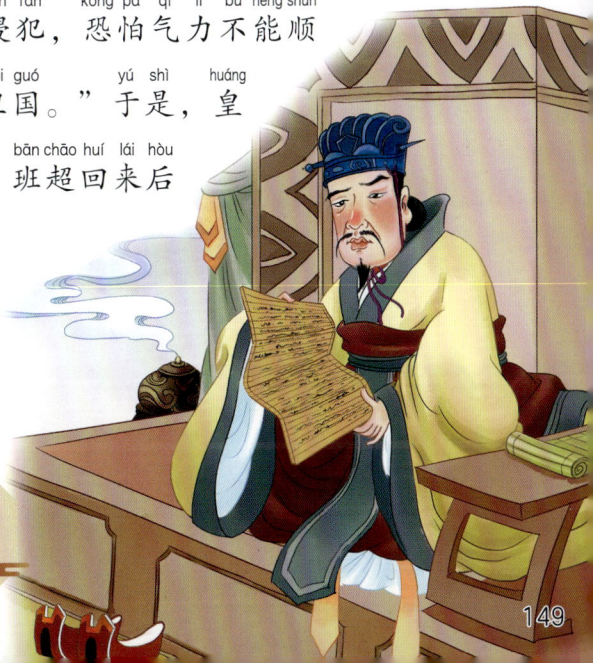

梁上君子

扫码听音频

东汉有个叫陈寔的官员，办事公正，品行高洁。一天晚上，一个小偷溜进他家并躲在屋梁上。陈寔发现后没有声张，而是叫醒家人，告诫道："不善良的人不一定本性是坏的。做坏事的人对自己要求不严，做了坏事又不改正，久而久之就形成了坏习惯。你们看，房梁上有一位君子，他就是一个例证。"小偷听到后很惭愧，于是改了恶习，重新做人。

注解

梁：房梁。

释义

躲在梁上的君子。指窃贼。也比喻上不沾天下不着地、脱离实际的人。也指问题没有解决，被挂起来没有着落的人。

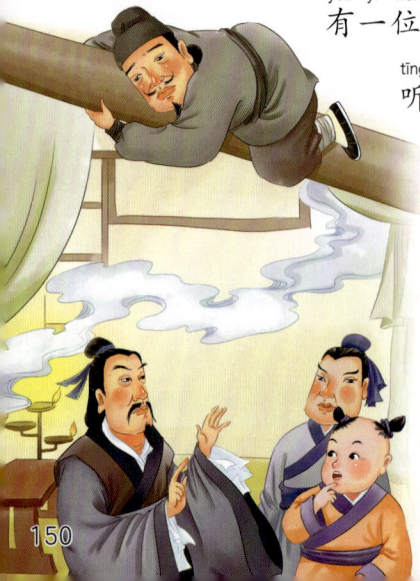

两袖清风
liǎng xiù qīng fēng

明朝有个官员叫于谦，他为官清正廉洁，为百姓做了很多好事。当时的官场十分腐败，地方官进京办事，都要送礼物给权贵来博取欢心，于谦对此非常反感。有一次，他进京奏事，同僚劝他带点儿特产去送人。于谦什么也没带，只作了一首诗，其中两句是："清风两袖朝天去，免得闾阎话短长。"意思是：他这次进京只带两袖清风，免得别人说长道短。

注解

袖：衣袖。

释义

原指迎风潇洒的姿态。后比喻做官非常廉洁。

151

扫码听音频

量体裁衣
liàng tǐ cái yī

明朝嘉靖年间，北京城中有位裁缝很有名。一次，有位御史大夫请他裁制朝服。裁缝量完尺寸，问："请问您当官多少年了？"御史大夫很疑惑。裁缝说："初任高职，意高气盛，走路时挺胸凸肚，衣服要后短前长；有了一定年资，意气微平，衣服应前后一般长短；年久而将迁退，则内心悒郁不振，走路时低头弯腰，衣服就应前短后长。所以问明做官的年资，才能裁出称心合体的衣服。"

注解

量：测量。裁：裁剪。

释义

指按照身材大小裁剪衣服。比喻根据实际情况办事。

临危不惧
lín wēi bú jù

扫码听音频

孔子是春秋时期著名的思想家和教育家。孔子周游列国时，有一次路过卫国的匡地，因为他长得很像当年侵犯过匡地的阳虎，就被匡人围了起来。弟子们非常着急，不料孔子竟悠闲地弹起琴来。子路很疑惑，孔子说："圣人的勇敢，是临大难而不惧。"过了几天，匡人发现他们认错了人，就将他们放了。

注解

临：碰到。惧：害怕。

释义

遇到危险毫不畏惧。
形容勇敢无畏。

流连忘返
liú lián wàng fǎn

晏子是春秋时期齐国有名的政治家、外交家。一次，齐景公问晏子："要如何出巡才比得上过去的圣君？"

晏子答："从前的君王出巡，春天是巡视耕种情况，对农户加以补助；秋天是考察收获，帮助百姓解决困难。现在的君王出巡，则兴师动众，流连于游乐。这与过去为体察民情而出巡相差太远。至于您怎么办，您自己决定吧。"

注解

流连：留恋不舍。

释义

原指迷恋于游乐，忘了归去。现多指留恋美好的景色或美好的事物，舍不得离去。

扫码听音频

鹿死谁手

lù sǐ shuí shǒu

东晋时期，我国北方四分五裂，战乱不断。十六国中后赵的开国皇帝名叫石勒。一次，石勒设酒宴招待外国使臣。在宴会上，他问身边的徐光："我的功劳可以和历史上哪位君主相提并论？"徐光恭维石勒智勇双全，超过了刘邦和曹操。石勒说："人要有自知之明。如果我遇见汉高祖刘邦，一定做他的部下；如果遇到的是光武帝刘秀，我就会和他争夺天下，那还不知鹿死谁手呢！"

注解

鹿：猎取的对象，比喻政权。

释义

以追逐野鹿比喻争夺天下。意思是不知天下落在谁的手里。现指不知谁取得最后胜利。

155

路不拾遗
lù bù shí yí

唐朝时期，有个行人路过武阳，不小心把一件心爱的衣裳弄丢了。他走了几十里后才发现，心里很着急。这时候，有人安慰他说："没关系，我们武阳境内路不拾遗。你回去找一找，一定可以找得到。"丢衣裳的人半信半疑，心想：这可能吗？可转念一想，回去找一找也没关系。于是，他转身回去，果真找到了丢失的衣裳。

注解

拾：捡。遗：失物。

释义

路有失物，无人拾取。形容社会风气好。

论功行赏
lùn gōng xíng shǎng

扫码听音频

汉高祖刘邦当上皇帝后，按照大臣们的功绩大小
hàn gāo zǔ liú bāng dāng shàng huáng dì hòu　àn zhào dà chén men de gōng jì dà xiǎo

给予封赏。在评定上朝的位次时，刘邦认为萧何的功劳
jǐ yǔ fēng shǎng　zài píng dìng shàng cháo de wèi cì shí　liú bāng rèn wéi xiāo hé de gōng láo

最大，应排第一，对此一些功臣很不服气。关内侯鄂千
zuì dà　yīng pái dì yī　duì cǐ yì xiē gōng chén hěn bù fú qì　guān nèi hóu è qiān

秋说："大王与楚军相持几年，萧何常派遣士卒补充前
qiū shuō　dà wáng yǔ chǔ jūn xiāng chí jǐ nián　xiāo hé cháng pài qiǎn shì zú bǔ chōng qián

线，救陛下于危急时刻。他从关中水陆转运供给粮食，
xiàn　jiù bì xià yú wēi jí shí kè　tā cóng guān zhōng shuǐ lù zhuǎn yùn gōng jǐ liáng shi

从不匮乏。他还一直保全关中等待陛下，这是万世不朽
cóng bú kuì fá　tā hái yì zhí bǎo quán guān zhōng děng dài bì xià　zhè shì wàn shì bù xiǔ

的功劳啊！"刘邦肯定
de gōng láo a　liú bāng kěn dìng

了鄂千秋的话，下令萧何
le è qiān qiū de huà　xià lìng xiāo hé

位居第一。
wèi jū dì yī

注解

论：按照。

释义

按功劳的大小给予奖赏。

157

洛阳纸贵
luò yáng zhǐ guì

扫码听音频

晋代文学家左思学识渊博，文章写得非常好。他潜心研究，精心撰写，用了整整十年，写出了《三都赋》。《三都赋》讲述了三国时期魏、蜀、吴三国都城的风土人情，词藻华丽，流光溢彩，一时声名大噪，人们认为它可以和汉代文学杰作《两都赋》相媲美。当时还没有发明印刷术，喜爱《三都赋》的人只能抄阅。因为抄写的人太多，洛阳的纸张供不应求，一时间纸价大幅上涨。

注解

贵：昂贵。

释义

称誉著作风行一时，流传甚广。

落花流水

luò huā liú shuǐ

扫码听音频

李煜是南唐最后一位皇帝。他精通书法，在诗文上造诣很高。后来，南唐被北宋所灭，李煜被俘。亡国后的李煜怀念故国，借作词寄托哀愁，写下了词句"流水落花春去也，天上人间"，意思是：水流花落，今非昔比。后人据此引申出"落花流水"这一成语。

注解

落：掉，飘。

释义

形容残春景象。也形容零落、残乱的样子，或遭受惨败，被打得零落不堪的样子。

159

扫码听音频

马首是瞻
mǎ shǒu shì zhān

春秋时期，晋国联合齐、鲁、卫等国组成伐秦联军。联军进攻到秦国的咸阳北部时，遭到秦军的顽强抵抗。晋军统帅荀偃准备强攻，便下达命令："明天作战时，全军看我的马头来定行动方向。我的马头指向哪里，大家就奔向哪里！"其他国的将领听了并不服气，觉得他太专横了，故意不按指令行动。结果全军大乱，荀偃只好狼狈地撤军了。

注解

瞻：看，望。

释义

比喻服从某一个人的指挥或乐于追随某一个人。

160

扫码听音频

买椟还珠

mǎi dú huán zhū

cóng qián chǔ guó yǒu gè shāng rén yào qù zhèng guó mài zhēn zhū wèi le mài gè

从前，楚国有个商人要去郑国卖珍珠。为了卖个

hǎo jià qián tā qǐng rén zài zhuāng zhū bǎo de xiá zi shàng kè shàng huā wén xiāng shàng bǎo

好价钱，他请人在装珠宝的匣子上刻上花纹，镶上宝

shí hái yòng míng guì de xiāng liào bǎ xiá zi xūn de xiāng qì mí rén tā xiǎng bǎ

石，还用名贵的香料把匣子熏得香气迷人。他想："把

zhēn zhū fàng zài zhè yàng de xiá zi lǐ yí dìng néng mài gè hǎo jià qián dào le

珍珠放在这样的匣子里，一定能卖个好价钱。"到了

zhèng guó tā bǎ xiá zi bǎi zài jí shì shàng hěn duō rén dōu wéi shàng lái kàn yí gè

郑国，他把匣子摆在集市上，很多人都围上来看。一个

zhèng guó rén kàn dào xiá zi nà me piào liang ài bú shì shǒu jiù yòng gāo jià mǎi xià le

郑国人看到匣子那么漂亮，爱不释手，就用高价买下了

xiá zi dàn yòu bǎ lǐ miàn de zhēn zhū huán

匣子，但又把里面的珍珠还

gěi le shāng rén

给了商人。

注解

椟：匣子。珠：珍珠。

释义

买下匣子，退还珍珠。比喻舍本逐末，取舍失当。

161

扫码听音频

芒刺在背
máng cì zài bèi

霍光是西汉时期的大臣，很受汉武帝信任。汉武帝的曾孙汉宣帝继位之日，霍光陪同汉宣帝乘车去高祖庙祭拜。年轻的汉宣帝坐在车上，见霍光身材高大，目光严峻，心中禁不住一阵惶恐，觉得浑身不自在，就像有芒和刺扎在背上一样。直到霍光死后，汉宣帝才松了一口气。

注解

芒刺：草木茎叶、果壳上的小刺。

释义

形容内心惶恐，坐立不安。

162

盲人摸象

máng rén mō xiàng

扫码听音频

从前，有四个盲人想知道大象是什么样子，可他们看不见，只好用手摸。摸到象牙的盲人说大象就像一个大萝卜；摸到耳朵的盲人说大象长得像一把大蒲扇；摸到象腿的盲人说大象长得像一根柱子；摸到尾巴的盲人说大象长得像一根绳子。他们争论不休，都认为自己说的是对的，谁也不服谁。在场的人都哈哈大笑起来，说："你们每个人只摸到大象的一部分，又怎么能说得对呢？"

注解

盲人：失去视力的人。

释义

比喻对事物只凭片面的了解或局部的经验，就以偏概全，妄加揣测。

163

毛遂自荐

战国时期，秦国派兵攻打赵国。赵王派平原君去楚国说服楚王出兵，解救赵国。平原君的门客毛遂自我推荐，要求同去，平原君同意了。平原君和楚王谈判了一上午都没有结果。毛遂挺身而出，陈述利害："楚国土地辽阔，百姓众多，为什么要怕秦国呢？难道要等秦国逐个击破，坐以待毙吗？"楚王听了心悦诚服，便答应与赵国订立盟约，出兵解赵国之围。

注解

荐：推荐。

释义

比喻自告奋勇或自己推荐自己去做事。

眉清目秀
méi qīng mù xiù

扫码听音频

古时候，有一个叫安住的小娃娃。他长到三岁时，人们吃惊地发现，他长得越来越好看了。只见他五官端正，眉毛清晰美观，眼睛秀丽明亮，非常惹人喜爱。此后，人们便用"眉清目秀"来称赞某人容貌俊秀。

注解

眉、目：泛指容貌。

释义

形容容貌俊秀。

扫码听音频

门庭若市
mén tíng ruò shì

战国时期，齐国的相国邹忌劝说齐威王鼓励群臣进谏。齐威王采纳了他的建议，并下令："当面指出我的过失的，给上等奖赏；上奏章规劝我的，给中等奖赏；议论我的过失并传到我耳中的，给下等奖赏！"

命令一出，前去进谏的人川流不息，王宫门前和庭院内的人多得像市场一样热闹。

注解

庭：院子。若：像。市：集市。

释义

门口和庭院里热闹得像集市一样。原形容进谏的人很多。现形容来的人极多。

166

孟母三迁

mèng mǔ sān qiān

扫码听音频

孟子的父亲去世得很早，母亲独自抚养他长大。

起初，孟子家住在墓地附近，孟子就学着大人跪拜和哭丧。孟母怕这样的环境会影响孟子成长，就把家搬到集市旁。时间一长，孟子就模仿商人鞠躬和讨价还价的样子。于是，孟母又把家搬到学堂附近。学堂里有很多学生读书。孟子受到熏陶，开始发奋读书。后来，孟子成了著名的思想家和教育家，深受世人敬重。

注解

迁：迁居。

释义

原指孟母为了使孟子有一个好的教育环境，多次搬家。现多比喻父母用心良苦。

扫码听音频

妙笔生花
miào bǐ shēng huā

李白是唐代著名的诗人。相传李白有一次晚上做梦，梦见自己的笔杆上开出一朵鲜艳的花，这支笔移动着，朝他飘来。李白握住那支笔，不停地写。很快，他身边就开满了鲜花。他看看鲜花，再看看自己刚写过的字，原来这些花都是落在纸上的字变的。据说自从李白梦见"妙笔生花"后，名诗佳句便源源不断，一发不可收拾。

注解

妙笔：高超的写作、书画技巧。

释义

以高超的技巧创作出优美动人的作品。也指巧妙地润色文句。

扫码听音频

名列前茅
míng liè qián máo

春秋时期，群雄争霸。一次，楚国派兵进攻郑国。郑国向晋国请求援助。晋景公让荀林父任中军主将并率兵前去救援郑国。途中，荀林父听说郑国已经和楚国媾和，就召集部将商议。有人说："楚军行军时，左军负责宿营，右军护卫主帅兵车，先头部队发现动静，就用茅草当作信号旗示警。我们不宜轻敌，还是回去算了。"

注解

前茅：古代楚国行军，有人拿着茅草当旗子走在队伍的前面，遇到敌情，就举起它做信号。

释义

现比喻名次列在前面。

169

扫码听音频

名落孙山
míng luò sūn shān

宋朝有一位读书人名叫孙山。一次，他和老乡的儿子一起到省城参加科举考试。放榜时，孙山看到自己的名字排在最后一个，而老乡的儿子未中榜。他先回到家后，老乡来问儿子的考试情况。孙山念了两句诗："解名尽处是孙山，贤郎更在孙山外。"意思是：榜上最后一名是我孙山，而令郎的名次还在我的后面。此后，人们便把参加考试却没有被录取叫作"名落孙山"。

注解

名：名字。

释义

名字落在榜末的孙山后面。
指应考不中或选拔时落选。

模棱两可
mó léng liǎng kě

唐朝有个宰相叫苏味道。据记载，苏味道做了宰相后，只求保住个人的地位，处理事情总是这样办也行，那样办也可以，两边都不得罪。他还常对别人说："处事不欲决断明白，若有错误，必贻咎谴，但模棱以持两端可矣。"意思是：处理事情不要决断得太清楚。因为如果出了错，就会受到谴责，落下失职的罪名，还是含糊其辞，这样也行、那样也可最合适。

扫码听音频

注解

模棱：含糊，不明确。两可：可以这样，也可以那样。

释义

含含糊糊，态度或主张不明确。

目不识丁
mù bù shí dīng

唐朝时，幽州节度使张弘靖有两位部将，分别叫韦雍和张宗厚，两人经常仗势欺人，横行霸道。有一次，他们喝醉了酒，就对士兵大骂起来："现在天下太平，边关没有战事。你们这些人能拉满两石力弓，还不如认识一'丁'字。"后来，幽州兵变，惹了众怒的韦雍和张宗厚都被士兵杀死了。慢慢地，成语"目不识丁"就这样流传开了。

注解

丁：指简单的文字。

释义

一个字也不认识。

南柯一梦

nán kē yí mèng

扫码听音频

相传唐代有个叫淳于棼的人，一次他喝完酒坐在槐树下休息，慢慢地睡着了。在梦中，他乘坐马车来到"大槐安国"，在这里娶了公主，当上了南柯郡的太守，生活得幸福而美满。后来，外敌来犯，淳于棼打了败仗，被撤掉职务、遣送回家。他气得大叫一声，从梦中惊醒了。醒来后，他发现大槐安国其实是大槐树南边的树枝下一个很大的蚂蚁洞，不由得长叹："荣华富贵，只不过是南柯一梦啊！"。

注解

柯：草木的枝茎。这里指大槐树的树枝。

释义

形容一场梦，或比喻一场空欢喜。

173

扫码听音频

南辕北辙
nán yuán běi zhé

战国时，魏王想攻打赵国。季梁劝他说："我遇到一个要去楚国的人，楚国在南方，他却向北走。可那人说没关系，他的马跑得快，车夫的驾车技术也很高超，但是他这样走下去，只会离楚国越来越远。现在，大王仗着国家强大想要攻打他国，可越这样做，您离称霸就越远，和那个想到楚国去反而往北走的人一样啊。"

魏王听后觉得有道理，就放弃了攻打赵国的打算。

注解

辕：车前部用于驾牲口的两根直木。辙：车轮在路上碾过留下的痕迹。

释义

想往南去，却驾车往北走。比喻行动和目的相反。

174

扫码听音频

囊萤映雪
náng yíng yìng xuě

古代有个叫车胤的人从小就很好学，可家里很穷，买不起灯油供他晚上读书。在一个夏夜，他看到萤火虫飞来飞去，就想到一个办法。他将捉来的萤火虫放进白绢袋里，就这样借着萤火虫发出的微弱的光线读书。还有个叫孙康的人也很爱学习，买不起灯油的他借着窗外雪的反光读书。于是，后人便将他们的事迹合称为"囊萤映雪"。

注解

囊：用口袋。萤：萤火虫。

释义

原指车胤利用装在袋子里的萤火虫发出的光来读书，孙康利用雪的反光读书。形容勤学苦读。

175

扫码听音频

宁为玉碎，不为瓦全

北齐皇帝高洋心狠手辣，他怕东魏宗室造反，就下令将元氏宗室近亲都处死。剩下的元氏远房宗族都非常害怕。有个叫元景安的人想改姓高，以免有杀身之祸。他的堂兄元景皓怒斥道："哪能为了保全性命就抛弃自己的姓而跟别人姓呢？大丈夫宁做高贵的玉器被打碎，也不愿做低贱的瓦片得保全。"最后，元景皓被处死。后人用"宁为玉碎，不为瓦全"来形容他崇高的气节。

注解

宁：宁愿。

释义

宁愿做高贵的玉器被打碎，也不愿做低贱的瓦片得以保全。比喻宁愿为正义事业而死，也决不苟且偷生。

扫码听音频

弄巧成拙
nòng qiǎo chéng zhuō

北宋有位著名的画家叫孙知微。一次，他刚勾好
一幅画的线条，恰好朋友有事找他，他就让弟子们给
这幅画上色。有个弟子上色时，觉得画中的水晶瓶好
像少点儿东西，就自作主张在瓶上加了一枝莲花。孙
知微回来后看到了，生气地说："这瓶子是镇妖瓶，加
了莲花就成了普通的花瓶，你们真是弄巧成拙。"这
个弟子听了，十分后悔。

注解

弄：卖弄。巧：灵巧。
拙：笨拙。

释义

想要巧妙的手段，
结果反而坏了事。

177

怒发冲冠

（nù fà chōng guān）

扫码听音频

战国时，秦王想把赵王的和氏璧据为己有，就给赵王写信，表示愿用十五座城池来换。赵王让蔺相如带着和氏璧出使秦国。到了秦国，秦王只顾欣赏和氏璧，对于城池交换却只字不提。蔺相如用计拿回和氏璧后，马上后退几步，站在柱子旁。他极度愤怒，头发竖直顶起了帽子，激昂地说："我看大王您根本没有给赵国十五城的诚意，所以拿回了宝璧。您如果威逼我，我的头就和宝璧一起在柱子上撞碎！"秦王怕和氏璧被毁，只好假意答应交换城池。

注解

冠：帽子。

释义

愤怒得头发直竖，把帽子都顶起来。形容非常愤怒。

呕心沥血

ǒu xīn lì xuè

扫码听音频

唐朝著名诗人李贺七岁时就开始写诗做文章。成年后，没能得到朝廷重用的李贺，把精力放在诗歌创作上。他每次外出时都让书童背上书袋，想到了好的诗句，他就立即写好放进书袋里，晚上回到家再拿出来整理，也顾不上休息。李贺的母亲见了，很担心儿子的身体，感慨地说："我儿这是要把心呕出来才肯罢休啊！"唐代文学家韩愈有诗句"刳肝以为纸，沥血以书辞"，意思是拿肝当纸，用血来书写。这就是"呕心沥血"的由来。

注解

呕：吐。沥：滴。

释义

形容费尽心思，耗尽心血。

179

庞然大物
páng rán dà wù

从前，贵州一带本来没有毛驴。后来，有人从北方运来一头毛驴，并把它放到山脚下吃草。一只老虎看到后，被驴庞大的体形吓到了。刚开始，老虎只是远远地观看，慢慢地就越靠越近。后来，老虎发现毛驴只会用蹄踢，并没有别的本事，就猛地扑上去，把毛驴咬死并吃掉了。

注解

庞然：高而大的样子。

释义

形体庞大的东西。形容表面上强大，实际上没什么了不起的东西。

旁若无人
páng ruò wú rén

扫码听音频

战国末年，有位壮士叫荆轲，他常和朋友练剑习武，切磋武艺。后来，荆轲到了燕国，结识了高渐离，两人成了知己。一次，两人在闹市上喝酒，喝到尽兴时，高渐离击筑，荆轲和着乐声高歌。两人越来越高兴，歌声也越来越激昂，引来很多人围观。可他们表现得就像这世界上只有他们俩，旁人都不存在似的。

注解

若：好像。

释义

身旁好像没有人。形容自高自大，态度傲慢。也形容态度自然，不受拘束。有时也可形容专心致志。

181

pāo zhuān yǐn yù
抛砖引玉

据说唐朝诗人赵嘏诗才很高，另一位诗人常建对他
很仰慕。有一次，常建听说赵嘏要来苏州游玩，便抢先
一步到苏州名胜灵岩寺，在寺庙的墙上题了半首诗，希
望赵嘏看到后能续成一首。赵嘏去灵岩寺游玩时，见墙
上只有半首诗，忍不住提笔补了两句。常建用自己两句
较差的诗引出赵嘏两句较好的诗，人
们就说这是"抛砖引玉"。

注解

抛：抛出。

释义

比喻用自己没有价值的东西
（多指意见、文章等）引出
好的珍贵的东西。

鹏程万里
péng chéng wàn lǐ

扫码听音频

传说北冥有一种鸟叫鹏，它的脊背长达几千里，是一种名叫鲲的大鱼变成的。鹏飞向南冥，它用翅膀拍击水面，能击起三千里的浪花。乘着海面急骤的狂风，它一下子就能飞上九万里的高空。后来人们根据这个故事，提炼出了"鹏程万里"这个成语。

注解

鹏：传说中的大鸟。

释义

相传鹏鸟能飞万里路程。比喻前程远大。

捧腹大笑
pěng fù dà xiào

西汉时有一个很会占卜的人，名叫司马季主。一天，朝廷官员宋忠和贾谊刚好碰见了司马季主，见他正在和弟子讨论日月运行及占卜之术，风采非凡，便问："先生这样有才能，为什么要做不体面的工作呢？"司马季主听后，用手捂着肚子大笑道："那些高官欺上瞒下，压榨百姓，难道就高贵吗？"一番辩论后，宋忠和贾谊两人羞愧地离开了。

注解

捧：捂着。腹：肚子。

释义

用手捂着肚子大笑。形容遇到极可笑之事，笑得不能抑制。

披荆斩棘

pī jīng zhǎn jí

扫码听音频

冯异是东汉初年有名的军事将领，擅长领兵打仗，立下了不少战功，是东汉的开国功臣之一。一次，冯异到京城洛阳朝拜光武帝刘秀。刘秀隆重地接待了他，并向文武百官说："他是我当年起兵时的主簿，为我披荆棘，扫除障碍，平定了关中，是开国大功臣。""披荆棘"后来演化为"披荆斩棘"。

注解

荆、棘：丛生多刺的小灌木。

释义

指在创业阶段清除障碍，艰苦奋斗。也泛指在前进道路上清除各种障碍，克服种种困难。

扫码听音频

蚍蜉撼树
pí fú hàn shù

著名诗人李白、杜甫去世后，有一些自大的文人对这两位诗人的作品妄加诋毁。文学家韩愈对此很不满，就给好朋友张籍写了一首诗，其中有几句这样写道："李杜文章在，光焰万丈长。不知群儿愚，那用故谤伤。蚍蜉撼大树，可笑不自量。"意思是：李白、杜甫的诗文就像万丈光芒，那些企图贬损他们的人，就像蚂蚁想摇动大树一样，不自量力，狂妄可笑。

注解

蚍蜉：一种个头比较大的蚂蚁。撼：摇动。

释义

蚂蚁想摇动大树。比喻不自量力，妄图用极微小的力量动摇强大的事物。

<ruby>匹<rt>pǐ</rt></ruby> <ruby>夫<rt>fū</rt></ruby> <ruby>有<rt>yǒu</rt></ruby> <ruby>责<rt>zé</rt></ruby>

扫码听音频

顾炎武是明末清初著名的思想家。他从小就爱读忠臣义士的故事，长大后参加了除旧革新的社团，还在昆山参加抗清活动。失败后，顾炎武离开江南，游走各地，还联合各地抗清人士坚持抗清。后来，他在《日知录》中写道："保天下者，匹夫之贱与有责焉耳矣。"意思是：国家的兴亡，普通老百姓也是有责任的。他一直坚守民族气节，直到去世也没有改变。

注解

责：责任。

释义

对于国家的兴亡，每个人都有责任。

187

匹夫之勇

pǐ fū zhī yǒng

秦朝末年,楚汉相争。为了打败项羽,刘邦向韩信问计。韩信说:"项王勇猛善战,却不放手任用有能力的将领,所以项王的勇猛只是匹夫之勇。他好施小恩小惠,却不给有功之人封爵,军队又侵害百姓,从长远看他一定会变弱。您只要行事与他相反,就能战胜他。"

刘邦听了非常高兴。

注解

匹夫:泛指平常人,也指无学识、无智谋的人。

释义

指不用智谋,单凭个人蛮干的勇气。

扫码听音频

平易近人
píng yì jìn rén

西周时，姜尚因辅佐文王、武王灭掉商朝有功，被分封在齐地。五个月后，姜尚向周公报告当地的施政情况。周公问："你怎么这么快就报告政务？"姜尚答："我简化了君臣之间的礼节，一切按照当地风俗去做。"周公听后感叹道："政令平和易行，令百姓感到亲近，就必定会归附。"成语"平易近人"由此而来。

注解

近：亲近，接近。

释义

态度和蔼可亲，使人容易接近。也指文字浅显，容易了解。

189

扫码听音频

破釜沉舟
pò fū chén zhōu

秦朝末年，楚军将领项羽领兵救赵对抗秦军。楚军全部渡河上岸后，项羽让士兵们饱饱地吃了一顿饭，然后传令把船凿穿沉入河里，把做饭的锅砸碎，只发给士兵们三天的粮食，以此表示不胜即死的决心。楚军见没有退路，就拼死向秦军冲杀过去。经过英勇奋战，楚军终于打败了秦军。

注解

釜：古代的炊具，相当于现在的锅。

释义

打破饭锅，凿沉渡船。比喻决一死战。也比喻下决心，不顾一切地干到底。

190

破镜重圆
pò jìng chóng yuán

南朝陈国将要亡国时，陈国的乐昌公主和丈夫徐德言担心会在战乱中失散，就将铜镜一分为二，一人一半，作为将来重逢的信物，并约定正月十五卖镜于市。陈国灭亡后，乐昌公主被送到隋朝大臣杨素家中。徐德言来到京城，正月十五遇到杨府仆人在卖半面铜镜，就在铜镜上题了首诗，让仆人带回去。杨素知道后，被他们的真情所打动，就让他们夫妻团聚了。

扫码听音频

释义

比喻夫妻失散后重新团聚或决裂后重新和好。

191

扫码听音频

pū shuò mí lí
扑朔迷离

běi wèi shí qī běi fāng yóu mù mín zú bú duàn nán xià sāo rǎo guān fǔ guī dìng
北魏时期，北方游牧民族不断南下骚扰，官府规定

měi jiā chū yì míng nán zǐ shàng zhàn chǎng wèi guó xiào lì dàn shì huā mù lán de fù qīn
每家出一名男子上战场为国效力。但是，花木兰的父亲

nián mài dì di nián yòu tā zhǐ hǎo nǚ bàn nán zhuāng dài fù cóng jūn duō nián hòu
年迈，弟弟年幼，她只好女扮男装代父从军。多年后，

huā mù lán tuō xià zhàn páo huí dào jiā xiāng dāng tā chuān huí nǚ zhuāng hòu zhàn yǒu men
花木兰脱下战袍，回到家乡。当她穿回女装后，战友们

jiàn le dōu hěn chī jīng mù lán shī zhōng shuō xióng tù jiǎo pū shuò cí tù
见了都很吃惊。《木兰诗》中说："雄兔脚扑朔，雌兔

yǎn mí lí shuāng tù bàng dì zǒu ān néng biàn wǒ shì xióng cí yì si shì xióng
眼迷离。双兔傍地走，安能辨我是雄雌？"意思是：雄

tù hé cí tù wài bù tè zhēng xiāng sì hěn nán fēn qīng huā mù lán dài fù cóng jūn de
兔和雌兔外部特征相似，很难分清。花木兰代父从军的

gù shi yì zhí shēn shòu rén men de xǐ ài
故事一直深受人们的喜爱。

注解

迷离：眼睛半闭。

释义

形容事情错综复杂，不容易看清真相，详其究竟。

奇货可居
qí huò kě jū

扫码听音频

吕不韦是战国时期的大商人。一天，他遇见了在赵国当人质的秦国王孙异人。他觉得异人就像稀有的货物，可先囤积起来，等到高价时卖出去。吕不韦回去便与父亲商量。父亲说："种地能获十倍利，卖珠宝能获百倍利。但扶持一个人当国君，获利无法计算。"于是，吕不韦多方运作，耗费了大量钱财，帮异人回到秦国并当上太子。果然，异人最终成为秦王，吕不韦被封为丞相。

注解

奇货：珍奇的货物。居：囤积。

释义

把稀有的货物囤积起来，等待高价出售。比喻倚仗自己有某种专长或掌握某种事物，以图谋厚利。

扫码听音频

qí gǔ xiāng dāng
旗鼓相当

dōng hàn jiàn lì zhī chū   guó jiā hái méi yǒu wán quán tǒng
东汉建立之初，国家还没有完全统

yī   gōng sūn shù zhàn lǐng le sì chuān   wéi xiāo zài lǒng xī chēng bà   wèi le zǎo rì
一，公孙述占领了四川，隗嚣在陇西称霸。为了早日

shí xiàn tǒng yī   guāng wǔ dì liú xiù jué dìng lā lǒng wéi xiāo   duì kàng gōng sūn shù   yú
实现统一，光武帝刘秀决定拉拢隗嚣，对抗公孙述。于

shì   tā gěi wéi xiāo xiě le yì fēng xìn   xìn de dà yì shì   rú guǒ gōng sūn shù jìn
是，他给隗嚣写了一封信，信的大意是：如果公孙述进

gōng hàn zhōng   hàn jūn xī wàng néng dé dào wéi xiāo de bāng zhù   zhè yàng jiù néng yǔ gōng sūn
攻汉中，汉军希望能得到隗嚣的帮助，这样就能与公孙

shù qí gǔ xiāng dāng le   wéi xiāo tóng yì le liú xiù
述旗鼓相当了。隗嚣同意了刘秀

de jiàn yì   hòu lái   liǎng jūn lián hé qǐ lái
的建议。后来，两军联合起来，

zuì zhōng jī tuì le gōng sūn shù
最终击退了公孙述。

注解

旗鼓：古代作战时用来发
号施令的旌旗和战鼓。

释义

原指两军对敌，后比喻双方
势均力敌。

扫码听音频

杞人忧天
qǐ rén yōu tiān

从前，杞国有个人担心天会塌，地会陷，自己无处可藏，因而吃不下饭，睡不着觉。有一个关心他的人开导他说："天是气积聚起来的，是不会塌的。地是土块堆起来的，土块把脚踩的地方都填满了，无处没有土块，为什么要担忧地会陷裂呢？"那人听了十分高兴，便放下心来，开导他的人也就放心了。

注解

忧：担心。

释义

杞国有个人怕天会塌下来。比喻完全不必要的或无根据的忧虑和担心。

195

起死回生

qǐ sǐ huí shēng

扁鹊是春秋战国时期的名医，医术十分高明。一天，扁鹊听说虢国太子刚刚猝死。他详细打听了一番太子的症状，觉得太子还有救，便请求进宫察看。扁鹊来到太子床前，用针灸给太子进行急救，打通他的经络。不久，太子就醒了，过了一段时间就痊愈了。这件事情传出去后，人们都说扁鹊有起死回生之术。

注解

死：濒临死亡的人。

释义

把快要死的人救活，形容医术或技术高明。也比喻把处于毁灭境地的事物挽救过来。

扫码听音频

196

千变万化
qiān biàn wàn huà

扫码听音频

传说周穆王在西巡途中，遇到一位名叫偃师的工匠，他为周穆王献上一个假人。假人行走俯仰和真人一样，摇它的头它便能唱出符合音律的歌，拉它的手它便能跳出符合节拍的舞，动作和姿态千变万化，周穆王看得惊呆了。最后偃师拆开假人让周穆王看，它的体内五脏俱全。周穆王赞叹道："太神奇了，简直像天神创造出来的东西一样！"

注解

千、万：表示数量极多。

释义

形容变化极多。

千军万马
qiān jūn wàn mǎ

南北朝时期，梁朝有一位军事奇才叫陈庆之。一次，梁武帝让他率军攻打北魏。陈庆之所向披靡，一直攻到荥阳城下。可魏军在荥阳兵力众多，陈庆之仅有几千士兵，双方兵力悬殊。见此，陈庆之号召士兵与魏军决一死战，并率兵主动进攻。魏军无法抵抗，主动投降。陈庆之挑选了三千名身穿白袍的骑兵背城列阵，与赶来增援的魏军血战，最终打败了魏军，攻入了洛阳城。整个洛阳城都在传唱"名师大将莫自牢，千兵万马避白袍"的歌谣。

注解

军：军队。马：战马。

释义

形容雄壮的队伍或浩大的声势。

扫码听音频

千钧一发
qiān jūn yī fà

枚乘是西汉有名的辞赋家，擅长写辞赋。吴王想起兵谋反，枚乘劝阻道："用一缕头发去系千钧重的东西，然后把它悬在深渊上方，这是非常危险的事。您反叛朝廷，就像这缕头发一样危险！"吴王不听劝告。到了汉景帝时，吴王和其他六个诸侯国谋反，结果战败，吴王因此丢了性命。

注解

钧：古代的重量单位，三十斤为一钧。

发：头发。

释义

比喻情况万分危急。

199

千里鹅毛

唐朝时，一个叫缅伯高的人奉命向皇帝进贡天鹅。一路上，缅伯高细心地照料着天鹅。路过湖边时，缅伯高想给天鹅洗个澡，可不料天鹅振翅飞走了，只掉下几根鹅毛。缅伯高只好拿着鹅毛献给皇帝，还写了一首诗："上复唐天子，可饶缅伯高。礼轻情意重，千里送鹅毛。"皇帝看后，收下了鹅毛，还热情地款待了他。

注解

千里：形容路远。

释义

比喻情深义重的微小礼物。

前功尽弃
qián gōng jìn qì

扫码听音频

战国时期，谋士苏厉口才极好，擅长谋略。一次，秦王派白起攻打魏国。苏厉知道后，便游说白起："您之前身经百战，给秦国立下了很多功劳。现在又要带兵攻打魏国，如果战败了，以前的功劳就会全部丢失。您还不如假装生病不去攻打魏国。这样，魏国之围可以解除，周朝也会太平无事。"

注解

功：功劳。尽：完全。弃：丢失。

释义

以前的功夫完全白费。也指事情在接近成功时遭到失败，前面的努力都白费了。

201

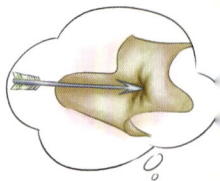

强弩之末
(qiáng nǔ zhī mò)

扫码听音频

汉武帝时期，匈奴派人来请求和亲。汉武帝召集大臣商议，有人觉得几年后匈奴就会背弃盟约，不如直接发兵攻打匈奴。大臣韩安国说："派军队远赴千里作战，就像强劲的弓弩射出的箭，到最后也没有力量了，连最薄的白绢也射不穿，是不会取得胜利的。与其发兵攻打匈奴，不如跟他们和亲。"汉武帝觉得有道理，便同意与匈奴和亲。

注解

弩：古代发箭的弓。

释义

强弩所发的箭，飞行已达末程。比喻强大的力量已经衰弱，起不了什么作用。

巧夺天工

qiǎo duó tiān gōng

扫码听音频

三国时期，魏文帝曹丕非常宠爱甄氏。为讨曹丕的欢心，甄氏每天都要花很长时间梳妆打扮。据说，她宫殿前的庭院里有一条美丽的绿色小蛇，每当她梳妆时，小蛇就会盘成奇巧的形状。于是，她就模仿小蛇盘成的形状梳头。虽然甄氏的头发是人工梳成的，但非常精致，胜过任何天然的形状，宫里的人都称之为"灵蛇髻"。

注解

巧：精巧。夺：胜过。

释义

人工的精巧胜过天然。形容技艺精巧、绝妙。

扫码听音频

请君入瓮
qǐng jūn rù wèng

武则天时期，有两个阴险狠毒的酷吏，一个叫周兴，另一个叫来俊臣。一次，有人告发周兴，武则天让来俊臣严查此事。来俊臣设宴请周兴吃饭，吃到一半时问他："遇到不认罪的犯人，你是怎么处理的？"周兴说："用炭火把大瓮烤热，再把犯人放进瓮里。"于是，来俊臣按他说的，将大瓮烧热，说："有人告发你谋反。"看着烧热的大瓮，周兴害怕地说："我有罪，我招供。"

注解

瓮：一种盛东西的陶器。

释义

比喻用某人整治别人的办法来整治他自己。也借指设计好圈套引人上当。

罄竹难书
qìng zhú nán shū

扫码听音频

隋朝末年，隋炀帝杨广骄奢淫逸，挥霍无度，百姓不堪重负，农民起义此起彼伏。其中一支叫瓦岗军的队伍由李密领导，他联合各路起义军反抗隋朝的统治。在进攻洛阳时，他发出了讨伐隋炀帝的檄文，其中的名句有"罄南山之竹，书罪未穷"，意思是：把南山的竹子都制成竹简，也写不完隋炀帝的罪状。

注解

罄：尽，完。

释义

形容罪行多，难以尽述。

205

扫码听音频

曲高和寡
(qǔ gāo hè guǎ)

战国时期，楚国辞赋家宋玉很有才气，但他的文章太深奥，就有人说他孤傲。楚襄王让他反省自己。宋玉说："有人在街上唱歌，唱《下里》《巴人》这些通俗歌曲时，很多人能跟着唱；当他唱《阳春》《白雪》等高雅歌曲时，跟着唱的只剩几十人。唱的歌曲格调越高，能跟着唱的人就越少啊！"

注解

寡：少。

释义

乐曲的格调越高，能跟着唱的人就越少。比喻思想言论或文艺作品不通俗，能理解或欣赏的人很少。

206

扫码听音频

取而代之
qǔ ér dài zhī

秦朝时，有个叫项羽的人，他幼年丧父，全靠叔父
项梁把他养大成人。后来，项梁和项羽来到浙江。一
天，项羽和叔父项梁刚好碰上秦始皇出巡，就特意赶去
观看。当项羽看到秦始皇乘车驶过的盛况时，不禁说
道："彼可取而代也。"意思是：我以后一定可以取代
他。项梁被吓得赶紧捂住他
的嘴。后来，秦朝灭亡，
项羽自立为西楚霸王。

注解

取：夺取。代：替代。

释义

夺取别人的权位或利益而占
为己有。

207

如火如荼
rú huǒ rú tú

春秋末期，吴国打算进攻晋国。可晋国兵力和吴国不相上下，于是吴王决定出奇制胜。半夜时分，吴王命令士兵们排好方阵，中间的方阵将士全都身穿白盔甲、白战袍，拿着白旗帜、白弓箭，"望之如荼"——像遍野盛开的一片白花；左边的方阵红盔甲、红战袍，"望之如火"——像熊熊燃烧的火焰；右边的方阵黑盔甲、黑战袍，像一片乌云。士兵们士气激昂，鼓声震天。晋国士兵从梦中醒来，被吴军的声势震慑住了，只好认输。

注解

荼：茅草的白花。

释义

原形容军容盛大。后形容气势蓬勃，气氛热烈。

如释重负

rú shì zhòng fù

扫码听音频

春秋时期，鲁国国君鲁昭公只知道游乐，不关心朝政。当时，季孙、叔孙和孟孙这三桓的权力很大。季孙宿死后，他的孙子季孙意如接替他入朝当官，一些大臣不服季孙意如。鲁昭公知道后，便联合那些大臣，想趁机除掉季孙意如，不料他自己反被三桓联合赶出了鲁国。鲁国百姓知道后，对此并不表示同情，反倒觉得减轻了他们身上的重担。

注解

释：放下。重负：重担。

释义

像放下重担那样轻松。比喻因摆脱困扰或解除负担而感到轻松。

209

扫码听音频

如鱼得水
rú yú dé shuǐ

东汉末年，天下大乱，群雄割据。刘备为了统一天下，想请诸葛亮出山，便多次拜访隐居在隆中卧龙岗的诸葛亮。诸葛亮出山后，竭力辅佐刘备，刘备也对他推心置腹。而刘备对诸葛亮的信任与重用，引起了关羽和张飞的不满。对此，刘备说："诸葛先生的才识与胆略，对我统一天下很重要。我有了他，就好像鱼儿得到了水一样。所以，我希望你们不要对诸葛先生失礼。"

注解

如：像。

释义

比喻有所凭借，找到了依靠。或比喻得到跟自己十分投合的人或适合于自己的环境。

如坐针毡
rú zuò zhēn zhān

扫码听音频

西晋时，名将杜预之子杜锡学识渊博，性格耿直，在做了太子中舍人以后，多次规劝晋惠帝的儿子愍怀太子。可太子不仅不听劝告，反而对杜锡心怀怨恨。一次，太子找来几根针，故意放在杜锡常坐的毡子里。杜锡没有发觉，上去一坐，屁股被扎得鲜血直流。后人根据这个故事提炼出"如坐针毡"的成语。

注解
针毡：插了针的毡子。

释义
像坐在插着针的毡子上。形容心神不定，坐立不安。

211

孺子可教
rú zǐ kě jiào

张良原是韩国名门之后。一次，张良偶遇一位老人。老人让他帮忙捡鞋和穿鞋，张良恭敬地照做了。老人觉得张良值得他指教，就让张良在五天后的早上到桥头找他。五天后，老人比张良早到，便生气地让张良过五天再来。五天后，张良还是比老人晚到，老人又让他过五天再来。这次，张良早早地就到了，老人交给张良一本《太公兵法》。张良苦读这本兵书，后来成了西汉的开国功臣。

注解

孺子：小孩子。教：教导。

释义

指年轻人有出息，可以造就。

扫码听音频

<ruby>入<rt>rù</rt></ruby> <ruby>木<rt>mù</rt></ruby> <ruby>三<rt>sān</rt></ruby> <ruby>分<rt>fēn</rt></ruby>

<ruby>王<rt>wáng</rt></ruby><ruby>羲<rt>xī</rt></ruby><ruby>之<rt>zhī</rt></ruby><ruby>是<rt>shì</rt></ruby><ruby>东<rt>dōng</rt></ruby><ruby>晋<rt>jìn</rt></ruby><ruby>时<rt>shí</rt></ruby><ruby>期<rt>qī</rt></ruby><ruby>著<rt>zhù</rt></ruby><ruby>名<rt>míng</rt></ruby><ruby>的<rt>de</rt></ruby><ruby>书<rt>shū</rt></ruby><ruby>法<rt>fǎ</rt></ruby><ruby>家<rt>jiā</rt></ruby>。<ruby>他<rt>tā</rt></ruby><ruby>的<rt>de</rt></ruby><ruby>书<rt>shū</rt></ruby><ruby>法<rt>fǎ</rt></ruby><ruby>之<rt>zhī</rt></ruby><ruby>所<rt>suǒ</rt></ruby><ruby>以<rt>yǐ</rt></ruby><ruby>那<rt>nà</rt></ruby><ruby>么<rt>me</rt></ruby><ruby>好<rt>hǎo</rt></ruby>，<ruby>除<rt>chú</rt></ruby><ruby>了<rt>le</rt></ruby><ruby>有<rt>yǒu</rt></ruby><ruby>天<rt>tiān</rt></ruby><ruby>资<rt>zī</rt></ruby>，<ruby>最<rt>zuì</rt></ruby><ruby>重<rt>zhòng</rt></ruby><ruby>要<rt>yào</rt></ruby><ruby>的<rt>de</rt></ruby><ruby>还<rt>hái</rt></ruby><ruby>在<rt>zài</rt></ruby><ruby>于<rt>yú</rt></ruby><ruby>刻<rt>kè</rt></ruby><ruby>苦<rt>kǔ</rt></ruby><ruby>练<rt>liàn</rt></ruby><ruby>习<rt>xí</rt></ruby>。<ruby>有<rt>yǒu</rt></ruby><ruby>一<rt>yí</rt></ruby><ruby>次<rt>cì</rt></ruby>，<ruby>皇<rt>huáng</rt></ruby><ruby>帝<rt>dì</rt></ruby><ruby>在<rt>zài</rt></ruby><ruby>北<rt>běi</rt></ruby><ruby>郊<rt>jiāo</rt></ruby><ruby>祭<rt>jì</rt></ruby><ruby>地<rt>dì</rt></ruby><ruby>时<rt>shí</rt></ruby>，<ruby>王<rt>wáng</rt></ruby><ruby>羲<rt>xī</rt></ruby><ruby>之<rt>zhī</rt></ruby><ruby>奉<rt>fèng</rt></ruby><ruby>命<rt>mìng</rt></ruby><ruby>在<rt>zài</rt></ruby><ruby>木<rt>mù</rt></ruby><ruby>板<rt>bǎn</rt></ruby><ruby>上<rt>shàng</rt></ruby><ruby>书<rt>shū</rt></ruby><ruby>写<rt>xiě</rt></ruby><ruby>祝<rt>zhù</rt></ruby><ruby>文<rt>wén</rt></ruby>，<ruby>再<rt>zài</rt></ruby><ruby>由<rt>yóu</rt></ruby><ruby>工<rt>gōng</rt></ruby><ruby>匠<rt>jiàng</rt></ruby><ruby>雕<rt>diāo</rt></ruby><ruby>刻<rt>kè</rt></ruby>。<ruby>他<rt>tā</rt></ruby><ruby>笔<rt>bǐ</rt></ruby><ruby>力<rt>lì</rt></ruby><ruby>雄<rt>xióng</rt></ruby><ruby>健<rt>jiàn</rt></ruby>，<ruby>工<rt>gōng</rt></ruby><ruby>匠<rt>jiàng</rt></ruby><ruby>用<rt>yòng</rt></ruby><ruby>刀<rt>dāo</rt></ruby><ruby>刻<rt>kè</rt></ruby><ruby>字<rt>zì</rt></ruby><ruby>时<rt>shí</rt></ruby>，<ruby>发<rt>fā</rt></ruby><ruby>现<rt>xiàn</rt></ruby><ruby>墨<rt>mò</rt></ruby><ruby>迹<rt>jì</rt></ruby><ruby>竟<rt>jìng</rt></ruby><ruby>然<rt>rán</rt></ruby><ruby>渗<rt>shèn</rt></ruby><ruby>入<rt>rù</rt></ruby><ruby>木<rt>mù</rt></ruby><ruby>板<rt>bǎn</rt></ruby><ruby>有<rt>yǒu</rt></ruby><ruby>三<rt>sān</rt></ruby><ruby>分<rt>fēn</rt></ruby><ruby>深<rt>shēn</rt></ruby>。<ruby>有<rt>yǒu</rt></ruby><ruby>人<rt>rén</rt></ruby><ruby>赞<rt>zàn</rt></ruby><ruby>叹<rt>tàn</rt></ruby><ruby>道<rt>dào</rt></ruby>："<ruby>王<rt>wáng</rt></ruby><ruby>羲<rt>xī</rt></ruby><ruby>之<rt>zhī</rt></ruby><ruby>的<rt>de</rt></ruby><ruby>字<rt>zì</rt></ruby>，<ruby>真<rt>zhēn</rt></ruby><ruby>是<rt>shì</rt></ruby><ruby>入<rt>rù</rt></ruby><ruby>木<rt>mù</rt></ruby><ruby>三<rt>sān</rt></ruby><ruby>分<rt>fēn</rt></ruby><ruby>呀<rt>ya</rt></ruby>！"

注解

入：透入。

释义

原形容书法笔力强劲，现比喻见解精辟、深刻。

扫码听音频

塞翁失马

从前，北方边境住着一位叫塞翁的老人。一天，他家走失了一匹马，他却笑着说："也许是件好事！"后来，那匹马带回了一匹骏马，不料，塞翁却满面愁容："也许会带来祸事。"果然，塞翁的儿子在骑骏马时摔断了腿。不久后，边境发生战事，青壮年全被征去服兵役，大多数人都战死了，只有塞翁的儿子因断腿未被征召入伍，从而保全了性命。

注解

塞：边塞。翁：老人。

释义

比喻虽然暂时受到损失，但也可能因此得到好处。也指坏事可能转变成好事。

三顾茅庐

sān gù máo lú

扫码听音频

诸葛亮是三国时期著名的军事家和政治家。当他还在隆中的茅庐隐居时，刘备听说他很有才干，便主动到隆中去请他出山，帮助自己统一天下。第一次去时，诸葛亮外出，刘备未与其碰面。第二次去时，两人也未能见面。第三次上门时，诸葛亮正在午睡。刘备不想打扰他休息，便恭敬地站在门口等着。诸葛亮被刘备的诚意打动，最终同意出山帮助他夺取天下。

注解

顾：拜访。茅庐：草屋。

释义

原指刘备请诸葛亮出山的故事。后比喻诚心诚意地登门拜访或邀请某个人。

扫码听音频

三令五申
sān lìng wǔ shēn

春秋时期，军事家孙武带着自己写的《孙子兵法》去见吴王，吴王让他操练宫女做试验。于是，孙武将召集好的宫女分成两队，并将要求和号令交代清楚。击鼓发令后，宫女们不听号令，嬉笑打闹。孙武看后，又将要求重复了一遍，仍没有效果。他大声喝道："号令不明是为将之罪，可我已经三令五申，你们不执行，按军法当斩。"于是，他下令将两位宫女队长斩首。

注解

令：命令。申：表达，说明。

释义

多次命令和告诫。

三人成虎

sān rén chéng hǔ

扫码听音频

战国时期,魏国大臣庞恭将陪魏太子到赵国做人质。临行前他问魏王:"如果有一人说街上有老虎,大王信吗?"魏王说不信。庞恭再问:"如果又有一人说有呢?"魏王表示有点儿相信。庞恭又问:"如果第三个人也说有呢?"魏王表示会深信不疑。庞恭说:"我走后,一定会有人诬陷我,请大王不要相信。"不久,果然有人在魏王面前议论庞恭,魏王听信谗言,不再信任庞恭。

注解

成:成为,变为。

释义

比喻谣言或讹传一再反复,就会使人信以为真。

杀一儆百
shā yī jǐng bǎi

五代时期，后汉的叛将李守贞率军进攻河西。行动前，他叫人假扮成卖酒的商贩，以小利引诱河西守将郭威部众畅饮，然后趁他们喝醉后再偷袭。郭威知道后立即下令：私下喝酒者，军法处置。一次，郭威最亲近的部将李审违反军纪喝了酒，郭威知道后派人将李审抓来怒斥一顿，然后下令将李审斩首示众。河西的官兵们知道后，再也不敢随便喝酒了。

注解

儆：警告。

释义

杀掉或处罚一个人以警告其他人。

师出无名
shī chū wú míng

扫码听音频

秦朝末年，项羽仗着兵马强大，不顾约定，自封为西楚霸王，将先入咸阳的刘邦封为汉王，还暗中指使人将自己拥立的义帝杀死。这些举动让各路诸侯很不满。

后来，刘邦领兵到了洛阳，董公献计说："师出无名，做大事就不能成。项羽无道，杀了他的君王。您此时率军征伐，兴的是仁义之师，四海之内都会仰慕您的德行。"

刘邦听从了他的建议，此后和项羽进行了长达四五年的楚汉之争。

注解

师：军队。名：名义，引申为理由。

释义

出兵没有正当理由。泛指做事没有正当理由。

扫码听音频

实事求是

刘德是汉景帝刘启的儿子，他热爱学术，喜欢研究古籍，并根据实证去求索真相。可由于秦始皇焚书坑儒，很多典籍被毁。刘德只能从民间搜寻历史典籍。每次高价买回来后，他都派人精心抄录副本还给卖书者。于是，各地藏有古籍的人纷纷不远千里把古籍送来。慢慢地，人们都称赞他不仅爱好古籍，还实实在在地从古籍出发去研究学问。

注解

是：事物内部的规律性。

释义

从实际情况出发，正确地对待和处理问题。现也指根据实际情况，探求事物的规律性，认识事物的本质。

拾人牙慧
shí rén yá huì

扫码听音频

东晋时，有一个名叫殷浩的人，他很有学问，常常引经据典。殷浩有个外甥叫韩康伯，口才也很好，深受殷浩的喜爱。一天，殷浩看见韩康伯正在发表言论，听得人如痴如醉，韩康伯则一脸得意。起初，殷浩也为外甥的才学感到高兴，但仔细一听，却发现他讲的全是套用自己说过的话。殷浩很不高兴地说："康伯连我的牙后慧都还没有得到，就自以为了不起，真是不应该！"

注解

拾：捡取。牙慧：指别人说过的话。

释义

拾取别人的一言半语当作自己的话。比喻袭取或改头换面地套用别人说过的话。

扫码听音频

世外桃源
shì wài táo yuán

东晋太元年间，武陵郡有个渔夫，他外出捕鱼时遇到一片桃花林。穿过桃花林尽头的小山洞后，他看到了一片宽广的土地。那里的人们生活安逸，自得其乐。他们热情地款待了渔夫。渔夫要走时，村里人嘱咐他不要让外面的人知道这里。渔夫答应了，他顺着原来的路走了出去。后来，他再想去找那个地方，却怎么也找不到了。

注解

世外：与现实世界隔绝。

释义

原指一个与世隔绝的不遭战祸的安乐而美好的地方。借指不受外界影响的生活安乐而环境幽美的理想地方。也指幻想中的脱离现实的场所或境地。

势如破竹

shì rú pò zhú

扫码听音频

三国末年，司马炎夺取魏国政权后，下令让杜预攻打东吴，以实现一统天下的愿望。在晋军攻占江陵后，司马炎命令杜预向吴国的都城建业进发。这时，长江水位暴涨，有人建议收兵。杜预坚决反对，说："现在正是士气最旺盛的时候。打仗就像快刀劈竹子，劈开几节后竹子就会迎刃破裂。现在灭掉吴国是不会费太大力气的！"果然，在杜预的带领下，晋军攻占了建业，灭了东吴。

注解

势：气势，威力。

释义

多指节节胜利，毫无阻碍，或气势不可阻挡。

223

扫码听音频

舐犊情深
shì dú qíng shēn

东汉末年，杨修在曹操手下做官。他才思敏捷，但常耍小聪明。曹操很不高兴，想惩治杨修。在一次战争中，曹操找借口将杨修杀了。不久后，曹操遇到杨修的父亲，见他骨瘦如柴，很是疑惑。杨修的父亲说："我儿子虽然犯错被杀，但我还是怀着老牛舔舐小牛那样的亲子之爱啊！"曹操听后，心里十分愧疚。

注解

舐：用舌头舔。犊：小牛。

释义

比喻对儿女的怜爱。

扫码听音频

手不释卷
shǒu bú shì juàn

三国时期，东吴大将吕蒙英勇善战，可是不喜欢读书。一次，孙权劝吕蒙多读书，吕蒙却说："事务繁忙，没时间读书。"孙权说："听说汉光武帝在行军作战的紧要关头，手里还拿着书舍不得放下。"吕蒙听了孙权的话，便发奋勤学，用功读书，最后成为东吴的重要将领，有勇有谋，屡建奇功。

注解

释：放下。卷：书籍。

释义

手里的书舍不得放下。形容读书勤奋或看书入迷。

扫码听音频

守株待兔
shǒu zhū dài tù

战国时期，宋国有一个农夫，他的农田边有一个大树桩。一天，农夫正在田里干活，一只兔子突然撞死在大树桩上。农夫赶紧放下农活，高兴地拎着兔子回家了。第二天，农夫活也不干了，就蹲在树桩旁等兔子撞上来。几个月过去了，再也没有兔子来撞树桩，田里的庄稼荒芜了，农夫和他的家人也只能挨饿了。

注解

株：露出地面的树木的根和茎。

释义

比喻死守狭隘的经验，不会变通。也比喻妄想不通过主观努力而侥幸得到意外的收获。

226

熟能生巧
shú néng shēng qiǎo

扫码听音频

北宋有个人叫陈尧咨，他的箭术精良。有一次，他在自家的园圃里射箭，有个卖油的老翁看见了，只不过微微地点头赞许。陈尧咨很生气。老翁见状，就把一个葫芦放到地上，又在葫芦口上放一枚有孔的铜钱，然后将油勺轻轻一歪，油就笔直地从钱孔流入葫芦里，铜钱上竟一点儿油也没有。陈尧咨非常佩服。老翁说："熟能生巧罢了！"陈尧咨听了感到很惭愧，从此更加努力地练习箭术。

注解

熟：熟练。

释义

熟练了就能掌握技巧，运用自如，或找到窍门。

227

扫码听音频

树倒猢狲散
（shù dǎo hú sūn sàn）

南宋时期，有个叫曹咏的人。他善于逢迎拍马，深得奸臣秦桧的欢心，所以官运亨通。曹咏当上大官后，除了大舅子厉德斯外，其他亲戚都来奉承、巴结他。曹咏几次威胁，厉德斯也没有屈服。后来，秦桧病死，依附他的人纷纷倒台，曹咏也被贬职。厉德斯知道后，便写了一篇《树倒猢狲散赋》寄给曹咏。文中将秦桧比作一棵大树，把曹咏等人比作树上的猴子，揭露了曹咏这种依附他人作威作福的丑恶行径。

注解

猢狲：猴子。

释义

比喻有权势者倒台了，依附者也就随着散伙。

228

双管齐下
shuāng guǎn qí xià

扫码听音频

唐朝有一位著名的画家叫张璪。他画艺精湛，尤其擅长画松树。张璪画松树时，可以左右手各握一支笔，同时在纸上作画，一支笔画苍翠的松枝，另一支笔画枯干虬枝。他画出的松树惟妙惟肖，凡是看过他作画的人没有一个不佩服的。当时有人评论："张璪作画，真是双管齐下。"

注解

管：指笔。

释义

画画时两管笔同时并用。比喻一件事同时采用两种办法或两件事同时进行。

229

shuǐ dī shí chuān
水滴石穿

běi sòng shí qī zhāng guāi yá zài chóng yáng dāng xiàn lìng dāng shí chóng yáng shè
北宋时期，张乖崖在崇阳当县令。当时，崇阳社

huì fēng qì hěn chà dào qiè chéng fēng zhāng guāi yá jué dìng yán jiā zhì lǐ yì tiān
会风气很差，盗窃成风，张乖崖决定严加治理。一天，

yí gè xiǎo lì huāng zhāng de cóng qián kù zhōng zǒu chū lái zhāng guāi yá mìng rén duì xiǎo lì
一个小吏慌张地从钱库中走出来，张乖崖命人对小吏

jìn xíng sōu chá jié guǒ sōu chū le yì méi tóng qián tā xià lìng yán jiā shěn xùn xiǎo
进行搜查，结果搜出了一枚铜钱。他下令严加审讯，小

lì bù fú qì de shuō dào tōu yì méi tóng qián ér yǐ tā fèn nù de shuō
吏不服气地说道："偷一枚铜钱而已！"他愤怒地说：

yí rì tōu yì méi qiān rì jiù shì yì qiān méi shí jiān cháng le shuǐ dī yě néng
"一日偷一枚，千日就是一千枚。时间长了，水滴也能

dī chuān shí tou shuō wán tā jiù chǔ jué le xiǎo lì cǐ hòu chóng yáng de tōu
滴穿石头！"说完，他就处决了小吏。此后，崇阳的偷

dào zhī fēng bèi shā zhù shè huì fēng qì dà wéi hǎo zhuǎn
盗之风被刹住，社会风气大为好转。

注解

穿：透。

释义

连续不断的水滴，时间长了能把石头滴穿。比喻只要坚持不懈，有恒心，事情总会成功。

水落石出
shuǐ luò shí chū

扫码听音频

北宋时期，苏轼因反对王安石变法，被贬到湖北当官。湖北景色秀丽，苏轼又喜欢山水，时不时就出去游玩。他曾两次到赤壁游玩，并写下了《前赤壁赋》和《后赤壁赋》。他在《后赤壁赋》中写道："于是携酒与鱼，复游于赤壁之下。江流有声，断岸千尺，山高月小，水落石出。曾日月之几何，而江山不可复识矣。"

在苏轼的赋中，"水落石出"本来是指一种自然现象，但后人将其用作真相大白的意思。

注解

出：显现出来。

释义

水落下去，石头就露出来。比喻到了一定时候，事情真相彻底暴露。

243

扫码听音频

水深火热

战国时期，燕国爆发内战，齐国乘虚而入。因为燕国百姓对内战不满，不愿出力抵抗齐军，齐军只用了几十天就攻下燕国国都，但如何处理燕国成了难题。于是，齐宣王问孟子是否应该吞并燕国。孟子答："如果吞并燕国，当地百姓很高兴，那就吞并它。如果吞并燕国，给燕人带来亡国的灾难，使他们陷入水深火热之中，那他们必然会转而盼望别国来解救了！"

注解

水深火热：像水那样深，像火一样热。

释义

比喻人民生活处境异常艰苦。

四分五裂
sì fēn wǔ liè

扫码听音频

战国时期，七雄争霸，其中秦国国力最强，其他六国采取了"合纵"的战略联合抗秦。秦国为了分化六国，让张仪推行"连横"战略，游说弱国跟从秦国。张仪游说魏王与秦国和好，他说："魏国处于多国中间，稍有不慎，就会四面受敌、四分五裂。如果贵国联合秦国，他国就不敢来侵犯了。"魏王惧怕秦国，同意了张仪的主张。

注解

裂：分裂。

释义

分裂成许多块。形容分散、破碎、不完整。

233

扫码听音频

四面楚歌

秦朝末年，刘邦率军把项羽的军队包围在垓下。项羽的军队被围困多时，形势十分危急。一天深夜，四面围住他的军队都唱起了楚地的民歌。项羽大吃一惊，以为汉军完全占领了楚地。其实，这歌声只是刘邦命令汉军用楚地方言唱的，目的是涣散楚军军心。果然，楚军听到乡音，无心恋战，最终大败。项羽连夜突围，最终自刎于乌江边。

注解

楚：楚国。

释义

比喻陷入孤立无援、四面受敌、走投无路的困境。

贪小失大

^{tān xiǎo shī dà}

战国时期，秦国想吞并邻近的蜀国，但由于秦蜀之间山高路险，进攻很不方便，有人便给秦王出了条妙计。秦王听后，声称造出了能下金粪的石牛，并写信说要送给蜀王。蜀王听说后，马上令人开山修路。路修好后，秦国以护送石牛为由，派军队随行。等石牛进入蜀国后，秦军开始进攻蜀国，不久蜀国被灭。

注解

贪：贪图，追求。

释义

因为贪图小便宜而失掉大的利益。比喻只谋求眼前的好处而不顾长远的利益。

扫码听音频

螳臂当车
(táng bì dāng chē)

春秋时期，齐国国君齐庄公有一天外出打猎。忽然，路旁一只小虫子伸出两条臂膀似的前腿，看起来像要阻挡前进中的车轮。齐庄公看到后问车夫："这是什么虫子？"车夫答道："这是一只螳螂。它不知退让，却来阻挡，真是不自量力。"庄公却赞道："好一个勇士！"说完，他叫车夫避开它，让车子从路旁绕过去。

注解

螳臂：指螳螂的前腿。
当：阻挡。

释义

螳螂举起前肢企图阻挡车子前进。现在用来比喻不考虑自身能力，去做办不到的事情，必然招致失败。

天衣无缝
tiān yī wú fèng

扫码听音频

传说古时候有个叫郭翰的人，一个夏天的晚上，他在树下乘凉，忽然一位美丽的女子从天上冉冉飘下，并自称是天上的仙女。郭翰见女子的衣服非同寻常，就问女子是否可以察看她的衣服，女子答应了。郭翰发现女子的衣服上没有一点儿线缝的痕迹，他感到非常惊奇。

女子说："这是天衣，不用针线制作，所以没有缝。"

注解

缝：衣缝。

释义

现比喻事物周密、完善，没有任何破绽。

237

铁杵磨成针

唐朝大诗人李白小时候不怎么喜欢读书。一次，他读书读烦了，就溜出去玩。闲逛中，李白看到一位老婆婆在磨一根铁杵。李白很好奇，便问老婆婆在干什么。老婆婆说："我要把铁杵磨成针！"李白觉得不可能，可老婆婆说："我不停地磨，铁杵就会慢慢变细，总有一天会被磨成针的。"李白听了很感动，从此便认真学习，后来成了一位伟大的诗人。

注解

杵：古时舂米或捶衣用的圆木棍，一头粗一头细。

释义

比喻只要有毅力，坚持不懈地努力干下去，再难办的事也能办成。

挺身而出
tǐng shēn ér chū

唐朝时期，唐高祖李渊的次子李世民在诸子中声望最高。皇太子李建成与齐王李元吉妒忌他的威望，联合起来密谋杀害李世民。李世民得到密报后，便在玄武门设下埋伏，杀死了皇太子和齐王。可皇太子和齐王的部下又率兵攻打玄武门。一位叫敬君弘的守将身先士卒，挺身而出，拼死抵抗，最后被杀。李世民即位后，感念敬君弘的忠心，追封其为绛国公。

注解

挺身：挺起身来。

释义

挺直身体站出来。形容面对艰难或危险的事情，勇敢地站出来。

铤而走险

tǐng ér zǒu xiǎn

春秋时期，诸侯之间战乱不断。弱小的郑国夹在强大的晋国和楚国之间，处境艰难。为谋求生存，郑国的执政大夫写信给晋国："铤而走险，急何能择？"信中说郑国的处境左右为难，就像一头被猎人追赶的小鹿。如果晋国过分威逼，郑国在穷途末路之下，即使会走向灭亡，也会用全副兵力抗晋或倒向楚国。晋国接到信后，便改变了对郑国的态度。

注解

铤：快走的样子。走险：奔赴险地。

释义

在无路可走的时候采取冒险行动。

扫码听音频

同甘共苦
tóng gān gòng kǔ

战国时期，燕昭王继位后想富国强兵，就拜郭隗为师，对有才能的人委以重任，格外关怀，即便是谁家里有婚丧之事，他都登门过问。燕昭王还懂得体恤百姓。百姓快乐时，他也跟着快乐。遇到灾年时，他就开仓放粮，救济百姓。燕昭王与老百姓同甘共苦，经过二十多年的努力，燕国变得富强起来。

注解

甘：甜。

释义

一同尝甜的，也一同吃苦的。比喻共同享受欢乐幸福，共同承担祸患苦难。

扫码听音频

图穷匕见
tú qióng bǐ xiàn

战国末年，秦王嬴政一心想吞并六国。燕国的太子丹知道后，便找来勇士荆轲去刺杀秦王。为了取得秦王的信任，太子丹给荆轲准备了秦国叛将樊於期的头颅和燕国的地图，并在地图里藏了一把匕首。荆轲来到秦宫后，献上头颅，将地图在秦王面前慢慢展开。待地图差不多全部展开时，匕首一下子露了出来。荆轲拿起匕首刺向秦王，结果没有刺中，反而被秦王的卫士杀死了。

注解

穷：极点。

见：通"现"，显露。

释义

借指事情发展到一定时候，真相或本意就完全显露出来。

扫码听音频

推心置腹
tuī xīn zhì fù

西汉末年，萧王刘秀战胜王莽，收编了不少降兵。但是，这些降兵总担心刘秀会杀了他们，个个惶恐不安。刘秀知道后，就下令让每位降将各自回营，统率原来的兵马。刘秀还带着少数随从去各军营慰问，表示对他们绝对放心。投降的士兵说："萧王把心掏出来，放到别人的肚子里了。我们还有什么可担心的呢？"从此，这些士兵便死心塌地地效忠刘秀。

注解

置：安放。

释义

将自己的心放进别人的腹中。比喻诚心待人，实心实意。

243

退避三舍

春秋时期，晋国公子重耳逃亡到了楚国。楚成王觉得重耳会有大作为，待他如上宾，热情地招待了他。重耳承诺道："如果将来我当了晋国国君，愿与楚国交好。如果两国交战，我军一定后退三舍，报答大王的大恩。"后来，重耳当上了晋国国君，史称晋文公。几年后，楚晋两国在战场相遇，晋文公下令让军队后退三舍，实现了自己的诺言。楚军以为晋军害怕，便追了上去，结果中了埋伏，被晋军打败了。

注解

舍：古时行军三十里为一舍。

释义

原指与敌方作战时军队后撤一定的距离。后比喻对人让步，避免冲突或比喻自己不敢跟人相比。

外强中干
wài qiáng zhōng gān

扫码听音频

春秋时期，秦国和晋国发生战争，晋惠公下令用郑国的名马来拉自己的战车。大夫庆郑劝道："本国的好马熟悉地形，听从使唤。别国的马看起来好像很强壮，实际上不好驾驭，受惊后气虚力竭，怎么能作战呢？"可晋惠公不听劝告。战争打响了，晋惠公的马四处乱跑，使战车陷入泥泞之中。结果晋军大败，晋惠公也被秦军活捉了。

注解

外：外表，表面。中：里面，实质。干：干枯，虚弱。

释义

原指别国产的马由于人地不熟，作战时紧张，表面很强壮，实际上却已气力枯竭。后泛指表面强大，实质虚弱。

完璧归赵

wán bì guī zhào

战国时期，秦昭襄王知道赵国有美玉和氏璧后，便假装要用城池交换。赵国忌惮秦国，于是派机智勇敢的蔺相如出使秦国。临行前，蔺相如对赵惠文王说："秦国将城池给了赵国，我就把和氏璧留在秦国；秦国不给城池，我保证把和氏璧完整无缺地带回赵国。"成语"完璧归赵"由此而来。

注解

完：完好。璧：古代的一种玉器。

释义

指蔺相如将和氏璧完好地从秦国带回赵国。比喻把原物完好无缺地归还原主。

扫码听音频

246

万事俱备，只欠东风
wàn shì jù bèi，zhǐ qiàn dōng fēng

扫码听音频

三国时期，曹操率军驻扎在赤壁。刘备计划联合孙权抵抗曹操，诸葛亮和周瑜都主张火攻。可只有吹东南风才能对曹军发起火攻，当时是冬季，只有西北风，周瑜为此急得病倒了。诸葛亮探望周瑜时，周瑜不肯说出病倒的实情。诸葛亮笑着写了几个字："万事俱备，只欠东风。"对此，周瑜觉得诸葛亮料事如神。

注解

俱：全部。欠：欠缺。

释义

比喻一切都已齐备，只差最后的一个重要条件。

247

扫码听音频

亡羊补牢
wáng yáng bǔ láo

从前，有个牧民养了一群羊。一天，牧民发现羊少了一只，原来是羊圈破了个窟窿，狼钻进来把羊叼走了。邻居劝他赶紧修好羊圈，可牧民却说："羊已经丢了，补羊圈有什么用呢？"第二天，羊又少了一只。这时，他才明白邻居的劝告是对的。如果不及时补好羊圈，狼就会一直钻进来吃羊。于是，牧民赶紧动手修补羊圈。羊圈修补好后，他的羊就再也没有丢失。

注解

亡：丢失。牢：关牲口的圈。

释义

比喻出了差错，及时设法补救。

扫码听音频

望梅止渴
wàng méi zhǐ kě

曹操是东汉末年杰出的政治家和军事家。一次，曹
操率领部队去讨伐张绣。恰逢天气炎热，士兵们口渴难
耐，行军的速度越来越慢。可荒山野岭又找不到水，
曹操心里很着急，便想到了一个好主意。只见他大声喊
道："前面有一片梅林，梅子又大又好吃，我们快点儿
赶路，绕过山丘就到了！"士兵们一听有梅子，嘴里不
由自主地流口水，很快就
走出了这片荒山野岭。

注解

望：想到。

释义

口渴时想到马上就能吃到梅子，
流出口水，就不渴了。比喻用空
想来安慰自己或他人。

249

扫码听音频

望洋兴叹
wàng yáng xīng tàn

相传，黄河的河神叫河伯。他觉得黄河奔腾不息，世上再也找不到比黄河更辽阔壮观的河了。秋天到了，连日的暴雨让很多河流都注入黄河，黄河的河面更加宽阔了。河伯看了沾沾自喜。他顺着水流向东前行。到了北海，只见一片汪洋，无边无际。这时，河伯感叹地说："看到了北海的广阔无边，才知道自己的渺小啊。"

注解

望洋：仰望的样子。

释义

原指看到人家伟大，才感到自己渺小。后比喻要做一件事，由于力量不够或缺乏条件而感到无可奈何。

扫码听音频

围魏救赵
wéi wèi jiù zhào

战国时期，魏国包围了赵国都城邯郸，赵国急忙向齐国求救。齐威王任命田忌为大将，孙膑为军师，领兵救赵。孙膑说："魏军主力在攻打邯郸，魏国都城内一定兵力空虚。如果我们攻打大梁，魏国一定会撤兵。这样既可解救赵国，又能打击魏国。"田忌采纳了他的建议。果然，魏军撤军回救国都，赵国得到了解救。

注解

魏、赵：都是战国时的诸侯国。

释义

指袭击敌人后方，迫使进攻之敌撤回的战术。

251

闻鸡起舞
wén jī qǐ wǔ

东晋有一位大将名叫祖逖,他忠心爱国,功勋卓著。祖逖年轻时,和好朋友刘琨在司州做主簿,两人总是在一起谈论国家大事,练剑习武。一天半夜,祖逖在睡梦中听到鸡叫声,就对刘琨说:"公鸡在叫我们起床呢,我们去练剑吧。"刘琨同意了。从那以后,两人一听到鸡叫就起床练剑。经过长期的刻苦练习,两人都成了既能写好文章又能带兵打仗的文武全才。

注解

闻:听到。

释义

听到鸡叫就起来舞剑练武。
形容有志之士及时奋发努力。

瓮中捉鳖

wèng zhōng zhuō biē

扫码听音频

北宋末年，梁山好汉在山东起义。有一天，有两个自称是梁山好汉宋江和鲁智深的人，将酒店老板的女儿抢走。李逵路过这个酒店，听说了这件事，以为真的是这两人干的坏事，就想赶回梁山找他们算账。这时，酒店老板赶来告诉他："那两个人被我灌醉了，正在店里呼呼大睡。"李逵这才知道自己错怪了宋江和鲁智深。他说："看我瓮中捉鳖。"随即他马上赶到酒店，除掉了这两个假冒者。

注解

瓮：盛水的大坛子。

释义

在大坛子里捉甲鱼。比喻很有把握，轻而易举地捕捉到某对象或办好某件事。

253

扫码听音频

卧薪尝胆
wò xīn cháng dǎn

春秋时期，吴国攻打越国，越国战败，越王勾践被俘。在吴国，他受尽折磨和屈辱，却极力装作忠心、顺从的样子。后来，吴王将他放回越国。回国后，勾践下决心要洗刷耻辱。为了让自己不忘记复仇，他晚上枕着兵器，睡在柴草堆上，还在房子里挂了一个苦胆，每天吃饭前都要尝一尝。经过多年的奋斗，越国变得越来越强盛，终于打败了吴国。

注解

卧：睡。薪：柴草。

释义

比喻刻苦自励，发奋图强。

五十步笑百步
wǔ shí bù xiào bǎi bù

扫码听音频

战国时期，各国之间战争不断。孟子决定周游列国去劝说那些好战的君主。一次，孟子到了魏国，魏惠王对孟子说："我用心治国，又爱护百姓，为什么别国百姓却不来投奔我呢？"孟子说："这就好比打仗时，一个逃跑了五十步的士兵嘲笑逃跑了一百步的士兵贪生怕死一样，您虽然爱百姓，可您也喜欢打仗。仗一打，百姓就要遭殃。"魏惠王听后若有所思。

注解

笑：嘲笑。

释义

战败时后退五十步的讥笑后退一百步的。比喻缺点或错误性质相同，只是程度轻重不同。

255

惜墨如金
xī mò rú jīn

扫码听音频

五代宋初，有一个著名的画家叫李成，他天资聪慧，琴棋书画无所不通。李成擅长画山水，所作山水题材内容广泛，既有山野林泉，也有雪景寒林。他的山水画注重画面的整体结构和笔墨运用。他的笔势锋利，好用淡墨，落笔简练。后人赞扬他说："李成作画，不轻易落笔，爱惜笔墨就像爱惜金子一样。"

注解

惜：爱惜。

释义

爱惜墨就像金子一样。后形容写字、作文、作画不轻易落笔，力求精炼，态度十分严谨。

下笔成章
xià bǐ chéng zhāng

扫码听音频

曹植是曹操的儿子，自幼颖慧，深得曹操的喜爱。

有一次，曹操看了曹植的文章以后，问道："你的文章我看过，写得不错，是不是请别人代写的呀？"曹植答："不是的，我能言出为文，下笔成章，您可以当面考我。"当时，邺城新建了铜雀台，曹操便把几个儿子都叫到台上，命他们各作一篇赋。曹植拿起笔来，马上就写好了，而且很有文采。

注解

章：文章。

释义

一挥动笔就写成文章。形容写文章才华出众，文思敏捷。

先发制人
xiān fā zhì rén

秦朝末年，各地人民纷纷起义反抗暴政。地方官员殷通也想发兵起义，就请来熟悉兵法的项梁共商大事。项梁对殷通说："现在正是推翻秦朝的最好机会，先发动的可以制服人，后发动的就要被别人制服啊！"可殷通性格胆怯，难成大事，于是项梁让侄子项羽杀了殷通，收服殷通的部下，征集人马，起义抗秦。项羽就是后来历史上赫赫有名的"西楚霸王"。

注解

发：发动。制：约束，制服。

释义

先发动进攻的就能取得主动权，控制对方。

扫码听音频

笑容可掬
xiào róng kě jū

三国时期，诸葛亮出师祁山伐魏，结果街亭失守，只能退守西城。这时，魏国司马懿带领大批兵马直奔西城而来。诸葛亮见大兵压城，已无兵将可调遣，便决定使用"空城计"。他下令将城头上的军旗全都收起来，大开城门，派几个老兵在城门口扫地。接着，他带着两名小童来到城楼上端坐，悠然自得地弹起琴来。

司马懿率领大军来到西城下，见诸葛亮在城楼上焚香抚琴，一副笑容可掬的样子。他怀疑城中有重兵埋伏，便立即下令退兵。

注解

掬：用手捧起。

释义

形容一个人满面笑容的样子。

259

扫码听音频

胸有成竹
xiōng yǒu chéng zhú

běi sòng yǒu gè dà huà jiā jiào wén tóng
北宋有个大画家叫文同，
tā kāi chuàng le mò zhú huà fǎ de xīn
他开创了墨竹画法的新
jú miàn duì hòu shì yǐng xiǎng shēn yuǎn
局面，对后世影响深远。
wèi le huà hǎo zhú zi tā zhòng le hěn duō zhú
为了画好竹子，他种了很多竹
zi bìng jīng cháng guān chá jì lù
子，并经常观察、记录。
shí jiān yì cháng zhú zi de gè zhǒng xíng tài dōu
时间一长，竹子的各种形态都
yìn zài tā de nǎo hǎi lǐ měi cì huà zhú
印在他的脑海里。每次画竹，
tā dōu xiǎn de fēi cháng cóng róng zì xìn
他都显得非常从容自信，
huà chū de zhú zi mò sè nóng dàn xiāng yí
画出的竹子墨色浓淡相宜，
xǔ xǔ rú shēng shī rén cháo bǔ zhī chēng zàn
栩栩如生。诗人晁补之称赞
tā shuō wén tóng huà zhú
他说："文同画竹，
zǎo yǐ xiōng yǒu chéng zhú le
早已胸有成竹了。"

释义

比喻做事之前心中已有
充分的考虑。

栩栩如生
xǔ xǔ rú shēng

扫码听音频

庄周是战国时期著名的哲学家和思想家，人们尊称他为"庄子"。有一次，庄周梦见自己变成了一只蝴蝶。这只蝴蝶活灵活现，在空中扑扇着翅膀，翩翩起舞。这时，他完全忘记了自己是庄周还是蝴蝶。醒来后，他将梦中的美妙感受记了下来："昔者庄周梦为胡蝶，栩栩然胡蝶也。自喻适志与！不知周也。俄然觉，则蘧蘧然周也……"

注解

栩栩：活泼生动的样子。

释义

形容非常逼真，像活的一样。

261

xuán liáng cì gǔ
悬梁刺股

扫码听音频

dōng hàn shí qī　　yǒu gè rén jiào sūn jìng　　tā qín fèn hào xué
东汉时期，有个人叫孙敬。他勤奋好学，

zǒng shì dú shū dào sān gēng bàn yè　　kě dú shū shí jiān jiǔ le　　róng yì dǎ kē shuì　tā
总是读书到三更半夜。可读书时间久了，容易打瞌睡。他

jiù jiāng shéng zi yì tóu bǎng zài fáng liáng shàng　　lìng yì tóu xì zài tóu fa shàng　　dāng tā xiǎng
就将绳子一头绑在房梁上，另一头系在头发上。当他想

dǎ dǔn shí　　tóu yì dī　　shéng zi chě tòng tóu pí　　tā biàn huì mǎ shàng qīng xǐng　　zhàn
打盹时，头一低，绳子扯痛头皮，他便会马上清醒。战

guó shí qī de sū qín　　dú shū yě hěn qín fèn　　tā dú shū dú lèi le　　kùn juàn yù shuì
国时期的苏秦，读书也很勤奋。他读书读累了，困倦欲睡

shí　　jiù yòng zhuī zi wǎng zì jǐ de dà tuǐ shàng cì yí xià　　shǐ zì jǐ qīng xǐng qǐ lái
时，就用锥子往自己的大腿上刺一下，使自己清醒起来，

zài jì xù dú shū　　hòu rén jiù jiāng tā men de shì jì zǒng jié wéi　　xuán liáng cì gǔ
再继续读书。后人就将他们的事迹总结为"悬梁刺股"。

注解

股：大腿。

释义

形容勤学苦读。

雪中送炭
xuě zhōng sòng tàn

扫码听音频

北宋时期，宋太宗赵光义曾跟宋太祖一起打天下，深知江山得来不易。因此，他特别爱护老百姓。有一年冬天，京城下大雪。宋太宗想：天寒地冻的，没有木炭的百姓，肯定会很冷。于是，他马上找来府尹，让他安排人手，带上衣服、粮食和木炭，送给那些非常贫苦的百姓。受到救助的百姓都非常感激。

注解

炭：木炭。

释义

下雪天给人送炭。比喻在别人困难或急需时给予帮助。

263

扫码听音频

揠苗助长
yà miáo zhù zhǎng

古时候有个人，他担心田里的禾苗长不高，就天天到田边去看。可是，禾苗好像一点儿也没往上长。一天，他终于想出了一个办法，就赶紧跑到田里把禾苗一株一株地往上拔，从早上一直忙到太阳落山，累得筋疲力尽。他回到家里，气喘吁吁地说："今天的辛苦总算没白费，我帮助禾苗长高了一大截！"

他的儿子听了，跑到田里一看，禾苗全都枯死了。

注解
助：帮助。

释义
比喻违反事物发展的客观规律，急于求成，只能事与愿违。

扫码听音频

言过其实
yán guò qí shí

马谡是三国时期蜀国的将领，诸葛亮很器重他。刘备觉得马谡好高谈阔论，临死前叮嘱诸葛亮说："马谡言语浮夸，远超过他的实际能力，不可重用，丞相要留意。"但由于马谡给诸葛亮出了许多有用的计谋，诸葛亮就渐渐忘记了刘备的嘱咐。公元228年春，诸葛亮率军伐魏。他派马谡去驻守战略要地街亭，结果街亭失守，伐魏失败。诸葛亮后悔不已，只好斩了马谡。

注解

言：言语。过：超过。实：实际。

释义

原指言语浮夸，超过自己的实际能力。现多指说话说得夸大，超过实际。

265

扫码听音频

掩耳盗铃
(yǎn ěr dào líng)

从前，有一个贪婪又愚蠢的人。有一天，他想偷别人家的大钟，可钟太大了，他一个人没法背走。想了很久后，他决定把钟敲碎了再搬。于是，他找来锤子狠狠地砸钟，钟没碎，反而发出了洪亮的声音。他赶紧捂住自己的耳朵，以为自己听不见响声，那别人也一定听不见。结果，人们听到钟声后赶过来，把他抓住了。这就是"掩耳盗钟"的故事，后来演化为成语"掩耳盗铃"。

注解

掩：遮蔽，遮盖。盗：偷。

释义

捂住耳朵偷铃铛。比喻自欺欺人。

偃旗息鼓
yǎn qí xī gǔ

三国时期，魏国和蜀国为争夺天下，战争不断。有一次，曹操带兵追杀蜀国将领赵云。赵云经过奋力拼杀才回到营地，他命令部下打开营门，放下军旗，停止击鼓，自己则单枪匹马地站在营门口。曹操追到营门口，发现营门大开，疑有伏兵，匆忙下令撤退。在曹军撤退时，飞箭如雨般向曹军射去。曹军措手不及，争相逃命。

注解

偃：放倒。息：停止。

释义

放倒战旗，停止击鼓。指秘密行动，不暴露目标。也指停止战斗。现比喻事情不得不中止或收场。

扫码听音频

267

扫码听音频

叶公好龙
yè gōng hào lóng

春秋时期，楚国有位叶公，他非常喜欢龙，家里到处都刻着龙的图案。天上的真龙知道后，便想去拜访他。在一个风雨大作的晚上，真龙飞到了叶公家的窗前。只见真龙双角耸立，两只眼睛又大又圆，叶公看到后被吓得面如土色，瘫倒在地。原来，叶公不是真正地喜欢龙，他喜欢的只是那些像龙而不是龙的东西，在众人面前表现自己而已。

注解

好：喜欢。

释义

指表面上好像喜爱某种事物，实际上并不真正喜爱。

夜郎自大

扫码听音频

西汉时，西南地区有个名叫夜郎的国家。它国土很小，百姓稀少，物产更是少得可怜。但由于邻近的地区中，夜郎是最大的，所以夜郎国国王就以为夜郎是世上最大的国家。一次，汉朝派使者来到夜郎，骄傲又无知的国王问："汉朝和我的国家相比，哪个更大？"实际上，夜郎只和汉朝的一个县差不多大。

注解

夜郎：汉代时我国西南地区的一个小国。

释义

比喻人无知，妄自尊大。

扫码听音频

一箭双雕
yí jiàn shuāng diāo

北周末年，有个武将叫长孙晟。他武艺高强，擅长射箭。一次，长孙晟奉命出使突厥。突厥可汗很敬重长孙晟，两人常常一起打猎。一天，他们在野外打猎，看到天空中有两只大雕在争夺一块肉。突厥可汗让长孙晟把两只大雕射下来。长孙晟立即拉开弓，"嗖"地射出一箭，两只雕惨叫一声双双落下。在场的人欢呼起来："将军一箭双雕，真不愧是神箭手啊！"

注解

雕：一种凶猛的大鸟。

释义

形容射箭技术高超。也比喻做一件事达到两个目的。

一诺千金
yí nuò qiān jīn

扫码听音频

西汉初期，有一个叫季布的人，他性情耿直，为人侠义。季布的同乡曹丘生想结识季布，便去拜访他。季布不喜欢曹丘生，可曹丘生却吹捧道："人们说'得黄金百斤，不如得季布一诺'。我们既是同乡，我又到处宣扬您的好名声，您为什么不愿见我？"季布听完很高兴，送了他一笔厚礼。后来，曹丘生到处宣扬季布，季布的名声越来越大了。

注解

诺：许诺。

释义

许下的一个诺言有千金的价值。形容说话算数，极有信用。

扫码听音频

一日千里

战国末期，秦国出兵攻打其他国家，渐渐逼近燕国。燕国的太子丹听说田光有谋略，便向他请教抵挡秦军的办法。田光指着一匹马，说："这匹马壮年时，一天可以奔跑一千里。可现在它连普通的马都跑不过，为什么呢？"太子丹说："因为年老的缘故吧。""对呀！您听到的是我年轻时的事。现在我老了，也帮不了您了。"田光说。

释义

原指马跑得很快。现形容发展极其迅速，进步非常快。

一叶障目
yí yè zhàng mù

扫码听音频

楚国有个书生，他看书上说螳螂捕知了时用树叶遮挡掩护，可以隐蔽自己，于是就想找到那片叶子。他找了很久，终于找到了一片。可一不小心，叶子掉了，还和落叶混在一起。他一片片试验，不停地拿着叶子遮住眼睛，问妻子能否看得见他。妻子被问烦了，就说看不见。书生乐坏了，他拿着这片树叶遮住眼睛，跑到店里旁若无人地偷东西，结果被官吏抓获。

注解

障：遮蔽。

释义

眼睛被一片树叶挡住。比喻为局部的或暂时的现象所迷惑，不能认清全面的或根本的问题。

扫码听音频

yí zì qiān jīn
一字千金

zhàn guó mò qī　qín zhuāng xiāng wáng wèi le bào dá lǚ bù wéi de bāng zhù　jiù fēng
战国末期，秦庄襄王为了报答吕不韦的帮助，就封

tā wéi wén xìn hóu　guān jū xiàng guó　wèi le tí gāo shēng wàng　lǚ bù wéi jué dìng ràng
他为文信侯，官居相国。为了提高声望，吕不韦决定让

mén kè bāng zì jǐ xiě yí bù yáng míng dāng shì de shū　hòu lái　shū wán chéng le　míng
门客帮自己写一部扬名当世的书。后来，书完成了，名

wéi 《lǚ shì chūn qiū》　lǚ bù wéi ràng rén bǎ shū kè zài zhú jiǎn shàng　bìng tiē chū
为《吕氏春秋》。吕不韦让人把书刻在竹简上，并贴出

gào shi shuō　gè fāng rén shì rú néng zhǐ chū
告示说：各方人士如能指出

shū zhōng de cuò wù　shān yí gè
书中的错误，删一个

zì huò zēng yí gè zì　jiù jǐ
字或增一个字，就给

yǔ yì qiān jīn de jiǎng lì
予一千金的奖励。

释义

形容诗文、书法价值很高
或文辞精妙。

一鼓作气
yì gǔ zuò qì

扫码听音频

春秋时期，曹刿和鲁庄公随鲁军与齐国作战。齐军第一次击鼓时，曹刿按兵不动。齐军第二次击鼓时，曹刿还是按兵不动。直到齐军第三次击鼓，曹刿才擂鼓相迎，下令进攻。齐军一下子乱了阵脚，被打败了。鲁庄公对曹刿非常佩服，就问他取胜的原因。曹刿说："打仗靠的是士气。第一次击鼓时，齐军士气最盛，第二次时士气衰退，第三次时士气衰竭。这时我军才第一次击鼓，士气正盛，所以能够取胜。"

注解

作：振作。气：勇气。

释义

比喻趁劲头大的时候一口气把事情做完。

275

扫码听音频

一举两得

春秋时期，鲁国有一个叫卞庄子的勇士。一天，他看到两只老虎在撕咬一头牛，就想拔剑与老虎搏斗。与他同行的伙伴拉住他说："别急，两只老虎为争一头牛而打架，结果多半会一死一伤，到时你再对付那只受伤的老虎，就容易多了。"果然，两只老虎为了争夺食物而打了起来，结果一死一伤。这时，卞庄子纵身一跃，几个回合就把那只受伤的老虎杀死了。就这样，卞庄子等于一举杀死了两只老虎。

注解

举：做事。

释义

做一件事得到两方面的收获。

一毛不拔

yì máo bù bá

扫码听音频

春秋战国时期，百家争鸣，许多思想家纷纷提出自己的主张。有一位叫杨朱的哲学家，主张"贵己""为我"，建立一个"人人不损一毫，人人不利天下"的社会。一次，墨子的学生问他："如果拔您身上的一根毫毛，能使天下人受益，您愿意吗？"杨朱默不作答。慢慢地，"一毛不拔"就作为成语流传开来。

注解

毛：毫毛。

释义

连一根毫毛也不肯拔。形容极端自私吝啬。

扫码听音频

一丘之貉
yì qiū zhī hé

西汉的杨恽，为官正直清廉，对官场的腐败现象深恶痛绝。他听说匈奴单于被人杀害了，便说："这种无能的君王，不听大臣的忠告，给他拟定的治国良策不用，最终得到这样的下场。秦二世由于听信小人谗言，杀害忠良，最终身死国亡。如果他能亲近贤臣，也许秦朝会持续到现在。总之，从古到今的昏君都如一丘之貉，毫无差别。"听说杨恽有这样的言论，汉宣帝非常气愤，下令罢黜杨恽的官职，把他贬为庶人。

注解

貉：一种形似狐狸的野兽。

释义

同一个山里的貉。原来比喻都是同类，没有差别。现比喻都是一样的坏人。

一丝不苟
yì sī bù gǒu

扫码听音频

明朝时，朝廷下令严禁宰杀耕牛。一天，有个人想请知县汤奉办事，就送了他很多牛肉。汤知县一向贪赃受贿，很想吃这牛肉，可又不敢违抗禁令。他不知该不该收这份礼，就询问乡绅张静斋。张静斋认为不能，还说："只要把送牛肉的人抓起来，并贴出告示，人们就会说您清正廉洁，上面也会知道您办事一丝不苟。那么，您升官发财就指日可待了。"汤知县听后连连点头。

注解

苟：苟且，马虎。

释义

形容做事认真、细致，一点儿不马虎随便。

279

义不容辞
yì bù róng cí

扫码听音频

东汉末年，曹操率军准备进攻东吴。孙权知道后，急忙召集人商议对策。张昭建议："立即联系荆州的刘备，让他和我们联合起来抗击曹操。刘备是东吴的女婿，从道义上讲，帮助东吴抵抗曹军是义不容辞的。"

刘备见信后找诸葛亮商量。诸葛亮将曹操的行迹告诉了马超。马超为了报杀父之仇，就率兵攻打曹军，曹操也就无暇顾及东吴了。

注解

容：允许。辞：推托。

释义

道义上不允许推辞。指理应接受。

饮鸩止渴

yǐn zhèn zhǐ kě

扫码听音频

东汉时，有个人叫霍谞，他很有胆识。在他十五岁时，舅舅宋光因被人诬告改写朝廷诏书而被关进了监狱。霍谞了解舅舅的为人，决定给大将军梁商写信，为舅舅伸冤。他在信中写道："宋光作为地方长官，一直都奉公守法，怎会冒着死罪改写诏书呢？这就好比人不会为了解渴去喝有毒的鸩酒一样。"梁商觉得霍谞说的很有道理，于是重审此案，最终宋光被无罪释放。

注解

鸩：鸩酒，一种有剧毒的酒。

释义

用毒酒解渴。比喻采取极有害的方法来解决眼前的困难，不顾严重后果。

扫码听音频

应接不暇
yìng jiē bù xiá

dōng jìn shí qī　　yǒu yí gè rén jiào wáng xiàn zhī　　tā xǐ huan shān shuǐ　　cháng cháng
东晋时期，有一个人叫王献之。他喜欢山水，常常

dào chù yóu wán　　yǒu yí cì　　wáng xiàn zhī lái dào le fēng guāng xiù lì de kuài jī　　tā
到处游玩。有一次，王献之来到了风光秀丽的会稽。他

yán zhe shān lù yì biān zǒu　　yì biān xīn shǎng měi lì de fēng jǐng　　zhǐ jiàn yí lù shàng shān
沿着山路一边走，一边欣赏美丽的风景。只见一路上山

guāng shuǐ sè jiāo xiāng huī yìng　　ràng rén yǎn huā liáo luàn　　kàn bú guò lái　　wáng xiàn zhī hěn
光水色交相辉映，让人眼花缭乱，看不过来。王献之很

gāo xìng　　jiù yòng　　yìng jiē bù xiá　　lái xíng róng zì jǐ
高兴，就用"应接不暇"来形容自己

zhè duàn yú yuè de jīng lì
这段愉悦的经历。

注解
暇：空闲。

释义
原形容景物繁多，来不及观赏。后多形容来人或事情太多，应付不过来。

扫码听音频

游刃有余
yóu rèn yǒu yú

战国时期，有个厨师宰牛的技术非常高超。一次，有人向他讨教宰牛的技巧。厨师说："我开始学宰牛时，眼里只看到整只牛，不知道从哪里下刀。后来经过摸索，我才逐渐掌握了牛的身体结构，知道哪里是肌肉，哪里是筋脉，哪里是骨头，哪里是骨节间的缝隙。这样，我宰牛时就顺骨缝进刀，那薄薄的刀刃在骨缝里还有空间呢，宰起来就不觉得费力气了。"

注解

游刃：自由地运用刀刃。

余：余地。

释义

比喻做事熟练，解决困难、问题轻松利索。

283

扫码听音频

有恃无恐
yǒu shì wú kǒng

春秋时期，齐孝公率军进攻鲁国。鲁僖公听说敌军压境，知道自己的实力无法和齐军对抗，便派大夫展喜出使齐国。展喜在齐鲁边界遇到了齐孝公，恭敬地说："国君派我来犒劳贵军。"齐孝公觉得鲁国害怕了，可展喜却说："我们国君一点儿也不怕。当初齐鲁两国的祖先曾立下子孙世代友好相处、不相互攻伐的誓言。我们正是倚仗着这一点，才不害怕的。"齐孝公听了，自觉理亏，只好放弃攻打鲁国。

注解

恃：倚仗，依靠。恐：害怕。

释义

因为有倚仗就无所畏惧。多用于贬义。

有志者事竟成

yǒu zhì zhě shì jìng chéng

扫码听音频

东汉时有一个名叫耿弇的人，他从小就学习兵书，练习武艺，立志要为国效力。长大后，他英勇善战，屡建战功。一次，耿弇奉光武帝刘秀的命令去攻打割据齐地的张步。在战斗中他的大腿被一支飞箭射中，他抽出佩剑把箭砍断，又继续战斗。刘秀知道后，称赞他说："将军在南阳时就跟我提出过平齐之策，我曾以为这事很难实现，如今看来，真是有志气的人终究会成功啊！"

注解

竟：终于。

释义

只要有决心有毅力，事情终究会成功。

鱼目混珠

从前，有个人名叫满愿，他有一颗大珍珠。他的邻居寿量也有一颗祖传的"珍珠"。不久，两人都得了一种怪病，便一起去看郎中。郎中看了以后说，病倒是好治，但需要拿珍珠粉做药引子。两人听了以后，都回家取自己的珍珠。郎中看了满愿的珍珠后称赞道："这是一颗难得的好珍珠啊！"看到寿量的那颗珍珠时，郎中却大笑道："这哪是珍珠？这只不过是海洋中一种大鱼的眼睛罢了。"

注解

目：眼睛。混：掺杂，冒充。

释义

拿鱼的眼睛冒充珍珠。比喻以假乱真。

愚公移山
yú gōng yí shān

古代有位老人叫愚公，他家门前有太行和王屋两座大山，外出很不方便。他决定在大山中间开一条路，于是就带领子孙开始挖山。有个叫智叟的老人劝愚公不要干傻事。愚公说："即使我死了，还有我的儿子和孙子，子子孙孙没有穷尽，而山却不会再增高。只要坚持挖下去，总有一天会成功的。"天帝被愚公的诚心感动，就命两位大力神背走了这两座山。

注解

移：挪动。

释义

比喻以顽强的毅力和不怕困难、人定胜天的斗争精神去征服世界、改造自然。

与虎谋皮

春秋时期，鲁国国君想让孔子担任司寇，却遭到群臣反对。鲁国国君想不明白，便问左丘明。左丘明说："孔子是当今公认的圣人，圣人担任司寇一职，其他很多人就会失去官位。您与那些可能失去官位的人商议，这和与狐谋皮又有何异？"后来"与狐谋皮"逐渐演化成"与虎谋皮"。

注解

与：和，跟。谋：商量。

释义

比喻要办的事与谋求的对象有利害冲突，绝对办不到。多指跟恶人商量，要他放弃自己的利益，这是办不到的。

扫码听音频

鹬蚌相争，渔人得利

yù bàng xiāng zhēng， yú rén dé lì

一只河蚌张开蚌壳在河滩上晒太阳。有只鹬鸟看见了，便飞了过去，把嘴伸到蚌壳里啄肉。河蚌急忙把蚌壳合上，夹住鹬鸟的嘴不放。鹬鸟心里想："今天不下雨，明天不下雨，你不松开蚌壳就等着渴死吧！"河蚌心里想："你的嘴被我夹住，今天不放你，明天不放你，你就等着饿死吧！"就这样，鹬鸟和河蚌僵持了很久。恰巧有个渔翁经过，就把它们一起捉住了。

注解

鹬：一种长嘴的水鸟。
蚌：一种有壳的软体动物。

释义

比喻双方相持不下，而使第三方从中得利。

289

凿壁偷光

zuò bì tōu guāng

西汉时期，有个人叫匡衡。他从小勤奋好学，但家境贫寒，买不起灯油，晚上没法读书。一天晚上，匡衡突然发现墙壁上透过来一线亮光。他走到墙壁边一看，原来是从家里墙壁缝隙里透过来的邻居家的灯光。于是，匡衡就在墙壁上凿了一个小洞，就这样借着透过来的亮光刻苦学习。后来，匡衡成了一个很有学问的人。

注解

凿：打孔，挖掘。

释义

形容勤学苦读。

扫码听音频

张冠李戴
zhāng guān lǐ dài

从前有两个人，一个姓张，一个姓李。在一次聚会中，两个人各戴了一顶帽子。在大家喝酒聊天时，有人建议："您二位刚好都戴着帽子，要不试试换着戴一下？"等他们交换过来一看，大家都觉得很不匹配。于是，有人评价道："物各有主，貌贵相宜。窃张公之帽也，假李老而戴之。"成语"张冠李戴"便由此而来。

注解

冠：帽子。

释义

比喻弄错了对象或弄错了事实。

291

朝三暮四
zhāo sān mù sì

　　从前，有一个人养了很多猴子。时间长了，猴子们慢慢能听懂主人说的话。后来，那人负担不起养猴子的开支，就想减少它们的食物。于是，他对猴子们说："以后给你们的橡子，早上三颗，晚上四颗。"猴子们听了很生气，吼叫不止。那人便改口道："那早上四颗，晚上三颗？"猴子们听了很高兴，就不再闹了。

注解

朝：早上。暮：晚上。

释义

原比喻使用诈术，进行欺骗。现用来比喻常常变卦，反复无常。

扫码听音频

枕戈待旦
zhěn gē dài dàn

东晋时期，有两位著名的将军，一个叫祖逖，一个叫刘琨。他们年轻时常常互相勉励，立志为国效力。后来，祖逖率领军队到北方抗击敌人。刘琨知道后非常兴奋，他给亲戚写信说："国家处在危难时刻，我每天都枕着兵器等待天亮。我立志报效国家，常担心落到祖逖后面，没想到他还是常常走到我的前面。"

注解

戈：兵器。旦：早晨。

释义

枕着兵器等待天亮。
形容时刻准备作战。

293

扫码听音频

郑人买履
zhèng rén mǎi lǚ

从前，有个郑国人，做事非常死板。一天，他想到集市上买双鞋，就用草绳量了脚的尺寸。来到集市后，他千挑万选看上了一双鞋，却发现自己忘带那根草绳了，就赶紧往家跑。等他拿上草绳再次来到集市时，鞋店已经关门了。他十分懊恼。得知事情经过的路人笑道："你为什么不用自己的脚试鞋呢？"他回答说："我宁肯相信量好的尺码，也不相信自己的脚。"

注解

履：鞋。

释义

指只知生搬教条而不参考实际情况的做法。

纸上谈兵

zhǐ shàng tán bīng

扫码听音频

战国时期，赵国有个人叫赵括。他从小熟读兵书，谈起军事来滔滔不绝，自以为很厉害。一次，秦国进攻赵国，赵王派赵括率军出征。赵括没有实际作战经验，只会按照兵书上的方法来打仗。结果，赵军中了秦国的计谋，陷入了内无粮草、外无援军的绝境。最终，赵括在突围时被乱箭射死，赵军死伤无数，赵国从此一蹶不振。

注解

兵：用兵，打仗。

释义

比喻空谈理论，不能解决实际问题。也比喻只是空谈，不能成为现实的事物。

指鹿为马

秦朝丞相赵高想试一试自己的威信，于是他牵来一头鹿，对秦二世胡亥说："我将这匹马献给陛下。"胡亥笑着说："这是一头鹿啊。"赵高严肃地说："这明明是一匹马，陛下不信可以问问大家，看我说得对不对。"赵高的亲信和许多软弱的臣子立刻附和说："丞相说得对，这是一匹马。"一些勇敢的大臣说了实话，后来都被赵高找借口杀害了。

注解

为：是。

释义

比喻故意颠倒黑白，混淆是非。

众志成城

zhòng zhì chéng chéng

扫码听音频

东周时期，周景王即位后，命人铸造大钟。大钟铸成后，献媚的人纷纷说钟声浑厚和谐，很好听。司乐官州鸠却说："这算不上和谐。如果大王铸钟，百姓都为此高兴，那才算得上和谐。可现在铸钟使得民穷财尽，百姓人人怨恨。俗话说'众心成城，众口铄金'，如果百姓拥护，万众一心，任何难事都能成功；如果百姓都反对，其言论都能将金属熔化。"

释义

万众一心，像坚固的城墙一样不可摧毁。比喻大家团结一致，力量就无比强大。

扫码听音频

专心致志

从前，有个棋艺高超的人叫秋，别人称他为弈秋。

一天，弈秋在教两个学生下棋。一个学生上课时全心全意，十分认真；另一个学生东张西望，一会儿看看树叶，一会儿看看飞鸟。突然，天空中传来大雁的叫声，不专心的学生心想："我要是把它射下来就好了。"课讲完了，弈秋让两个学生比试一下，那个想着射雁的学生很快就输了。弈秋语重心长地说："下棋虽然是小技艺，但不专心致志是学不会的。"

注解

致：尽，极。志：志向，志趣。

释义

把心思全放在上面。形容一心一意，聚精会神。

自惭形秽

zì cán xíng huì

扫码听音频

晋朝有位名士叫王济，他相貌英俊，才学出众。

有一年，王济的外甥卫玠前来投靠他。王济一见卫玠

如此眉清目秀、风度翩翩，简直惊呆了。他对卫母说：

"珠玉在侧，觉我形秽。"意思是：人家都说我相貌

漂亮过人，现在与外甥一比，就像把石块与明珠和宝

玉放在一起。我真是太难看了。成语"自惭形秽"由

此而来。

注解

惭：惭愧。
形秽：形态丑陋，引申为缺点
或不足。

释义

因自觉形态鄙俗而感到
惭愧。或因自己不如别
人而感到惭愧。

扫码听音频

自相矛盾
（zì xiāng máo dùn）

古时候，有个人到街上卖矛和盾。他举起手中的盾大声夸道："我的盾是天下最坚固的盾，无论多么锋利的东西也刺不穿它！"路人们好奇地凑了过去。那人又拿起一支矛，说："我的矛很锋利，哪怕再坚固的东西都可以刺穿！"这时，一个路人问："如果用你的矛去刺你的盾，结果会怎样？"围观的人都笑了起来，那人只好收拾东西灰溜溜地走了。

注解

矛：长矛。盾：盾牌。

释义

比喻说话办事前后不一致或互相抵触。